これさえ読《よ》めばだいたいわかる

増補改訂版

ラグビーのルール

超《ちょう》・初《しょ》級《きゅう》編《へん》

feat.Kishiboy

著：中野良一・木谷友亮
キャラクターデザイン：荒川潤一

協力：（公財）日本ラグビーフットボール協会

ベースボール・マガジン社

はじめに

ラグビーは、相手《あいて》の陣地《じんち》にボールを運《はこ》んで得点《とくてん》を競《きそ》うスポーツです。運《はこ》ぶ最中《さいちゅう》に、相手《あいて》がものすごく身体《からだ》を張《は》ってじゃまをしてきますが、基本的《きほんてき》にシンプルなスポーツなのです。でも、ラグビーは難《むずか》しそうでとっつきにくいスポーツと思《おも》われています。本書《ほんしょ》では細《こま》かいことはさておき、これさえわかっていればラグビー観戦《かんせん》はなんとかなる、というものを取《と》りあげています。さまざまな方《かた》に取材《しゅざい》をし、載《の》せる内容《ないよう》は悩《なや》みつつ慎重《しんちょう》に、しかし大胆《だいたん》に選《えら》びました。くわしい方《かた》からすると、「これが入《はい》ってないのはおかしいだろ～」とか、いろいろご意見《いけん》あるかと思《おも》いますが、ぜひおおらかにご覧《らん》ください。日本《にほん》では、ラグビーが会話《かいわ》にのぼること自体《じたい》がめずらしいので、そういう議論《ぎろん》が起《お》こるだけでもうれしいものです。ちなみに、本書《ほんしょ》に登場《とうじょう》するラガーマン（ラグビー選手《せんしゅ》の総称《そうしょう》）は、キシボーイという太《ふと》っちょのキャラクターがつとめています。キシボーイと一緒《いっしょ》に、ざっくりとラグビーを知《し》って、楽《たの》しんで観戦《かんせん》していただければ幸《さいわ》いです。

ルールの伝道師《でんどうし》　キシボーイ

もくじ

第《だい》1章《しょう》　ラグビーとは

ラグビーとは……10
ボールは丸《まる》くない……12
両《りょう》チーム15人《にん》ずつ……14
前《ぜん》後《こう》半《はん》40分《ぷん》ずつ……16
点《てん》を多《おお》く取《と》ったチームの勝《か》ち……18
トライ……20
コンバージョンキック……22
ペナルティキック……24
ドロップゴール……25
スクラム……26

第《だい》2章《しょう》 反則《はんそく》

前《まえ》に落《お》とす……32
前《まえ》に投《な》げる……34
反則《はんそく》一覧《いちらん》……36
再開《さいかい》方法《ほうほう》……38
イエローカード……40
ラリアットはダメ……42

第《だい》3章《しょう》　ポジション

フォワードとバックス……48
優《やさ》しい怪力《かいりき》・プロップ……50
スクラムの要《かなめ》・フッカー……52
大巨人《だいきょじん》・ロック……54
スタミナ王《おう》・フランカー……56
暴《あば》れん坊《ぼう》・ナンバーエイト……58
つなぎ役《やく》・スクラムハーフ……60
司令塔《しれいとう》・スタンドオフ……62
超特急《ちょうとっきゅう》・ウイング……64
切《き》りこみ隊長《たいちょう》・センター……66
最後《さいご》のとりで・フルバック……68
レフリー……70
レフリーポーズ集《しゅう》……72

第《だい》4章《しょう》 そぼくな疑問《ぎもん》

痛《いた》くないの？……78
選手《せんしゅ》はルールを全部《ぜんぶ》わかってる？……80
アメフトとの違《ちが》い……82
オールブラックスって？……84
ごはんの量《りょう》……86
ラクビー？ ラグビー？……88

第《だい》5章《しょう》 新《あたら》しいラグビー

セブンズ……92
タグラグビー……96
観戦《かんせん》あいうえお……98
ノーサイド……100

第《だい》1章《しょう》

ラグビーとは

ここではまず、ラグビー観戦《かんせん》に必要《ひつよう》な基《き》本情報《ほんじょうほう》やルールについて
ざっくりとご説明《せつめい》します。

ラグビーとは

① 相手《あいて》の守備《しゅび》を
かいくぐりながら

② 相手《あいて》の陣地《じんち》の奥《おく》に

③ ボールを持《も》って
運《はこ》ぶスポーツです。

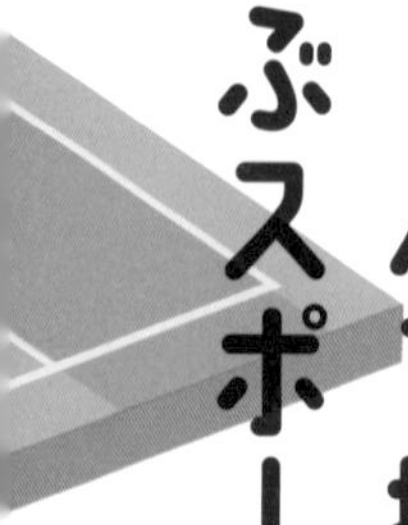

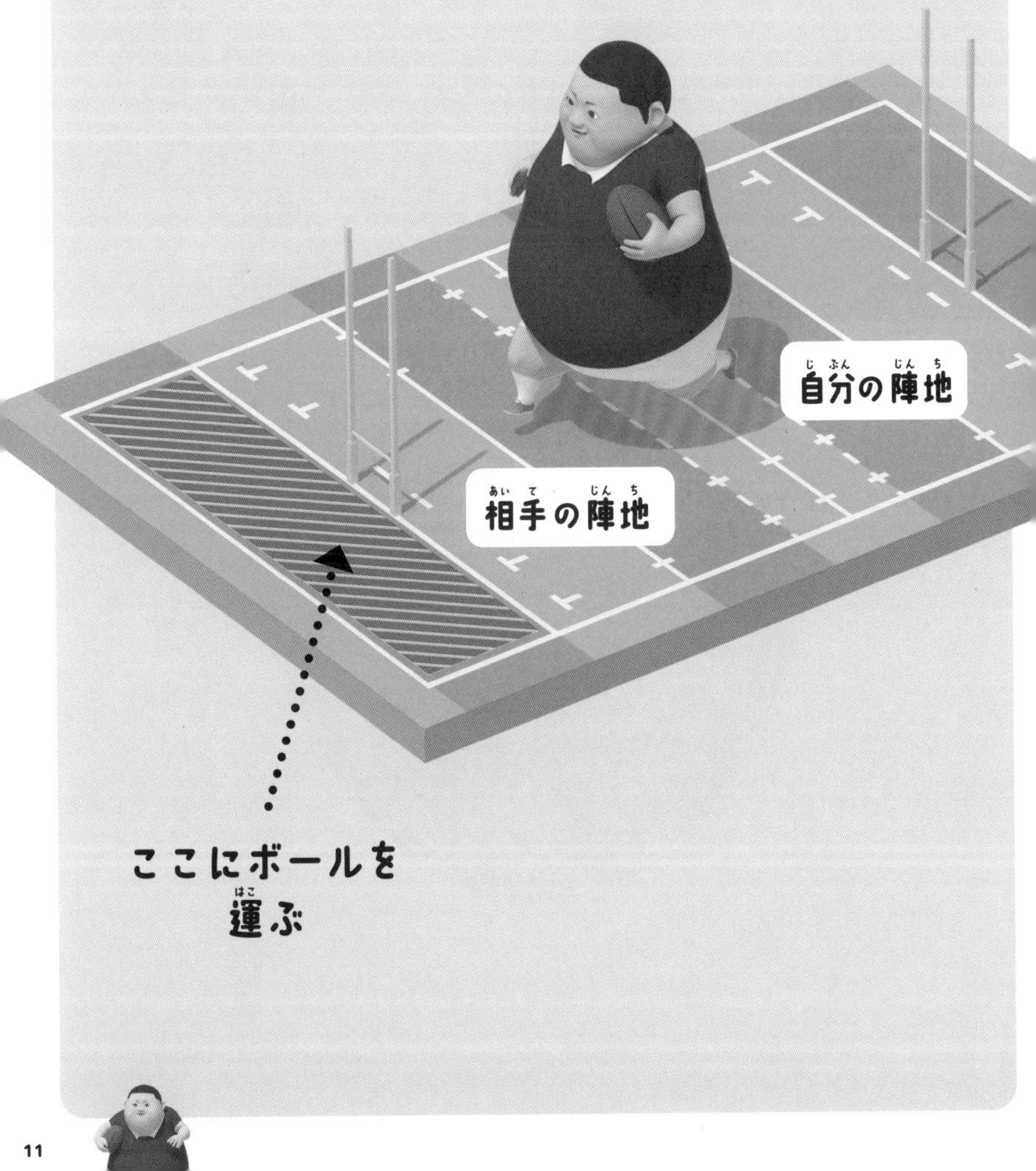
自分《じぶん》の陣地《じんち》
相手《あいて》の陣地《じんち》
ここにボールを
運《はこ》ぶ

ボール

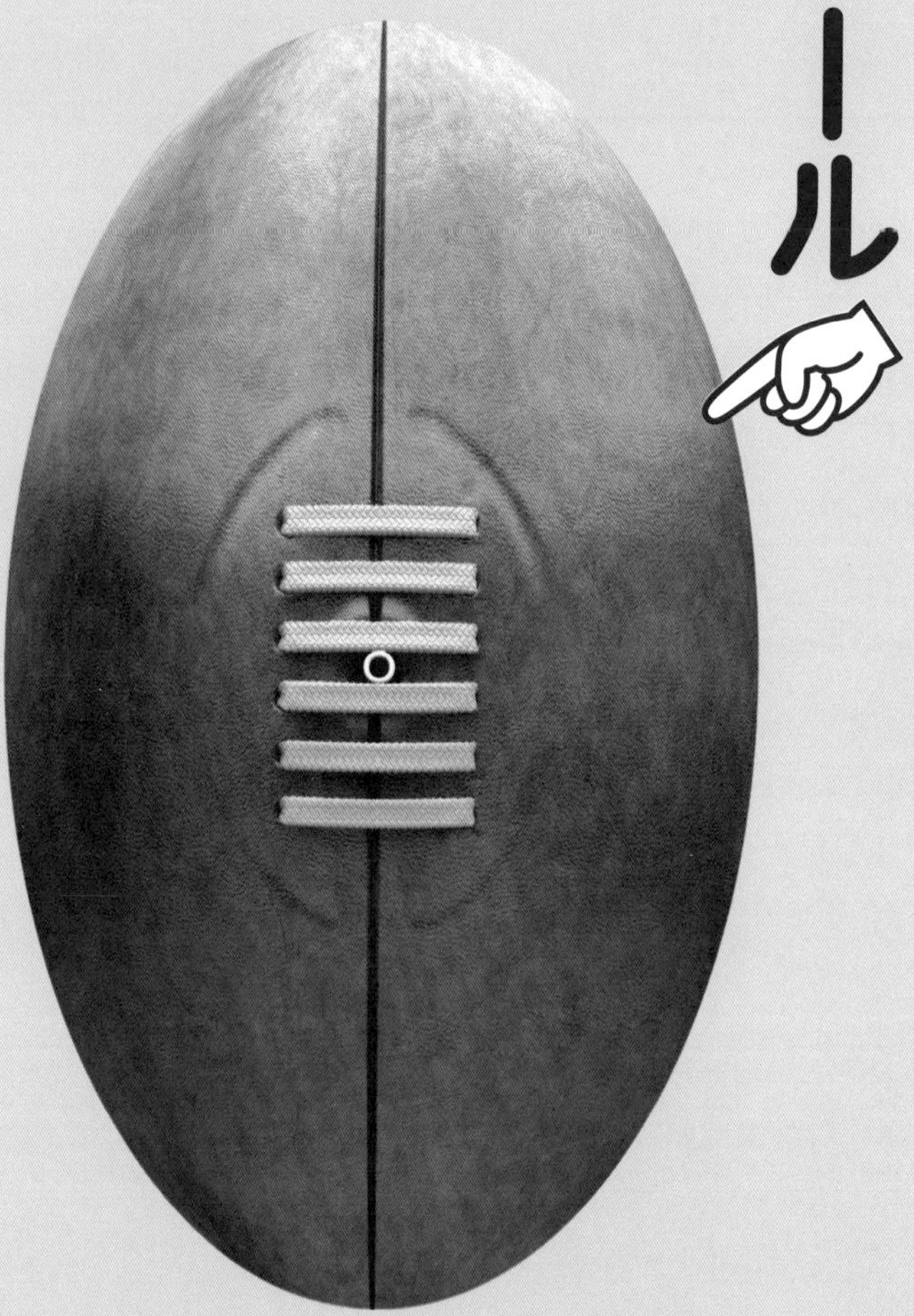

丸《まる》くない

思《おも》い通《どお》り転《ころ》がってくれない。

ラグビーボールは、楕円《だえん》の形《かたち》をしています。これは、豚《ぶた》の膀胱《ぼうこう》をふくらませてボールの代《か》わりに使《つか》ったことが始《はじ》まりと言《い》われています。「丸《まる》いより楕円《だえん》のほうが、どこに転《ころ》ぶかわからないから面白《おもしろ》いよね」という意見《いけん》が多《おお》かったのか、楕円形《だえんけい》のボールになりました。でも、本当《ほんとう》は丸《まる》いほうがよかったという嘆《なげ》きの声《こえ》は、今《いま》でも多数《たすう》聞《き》かれます。

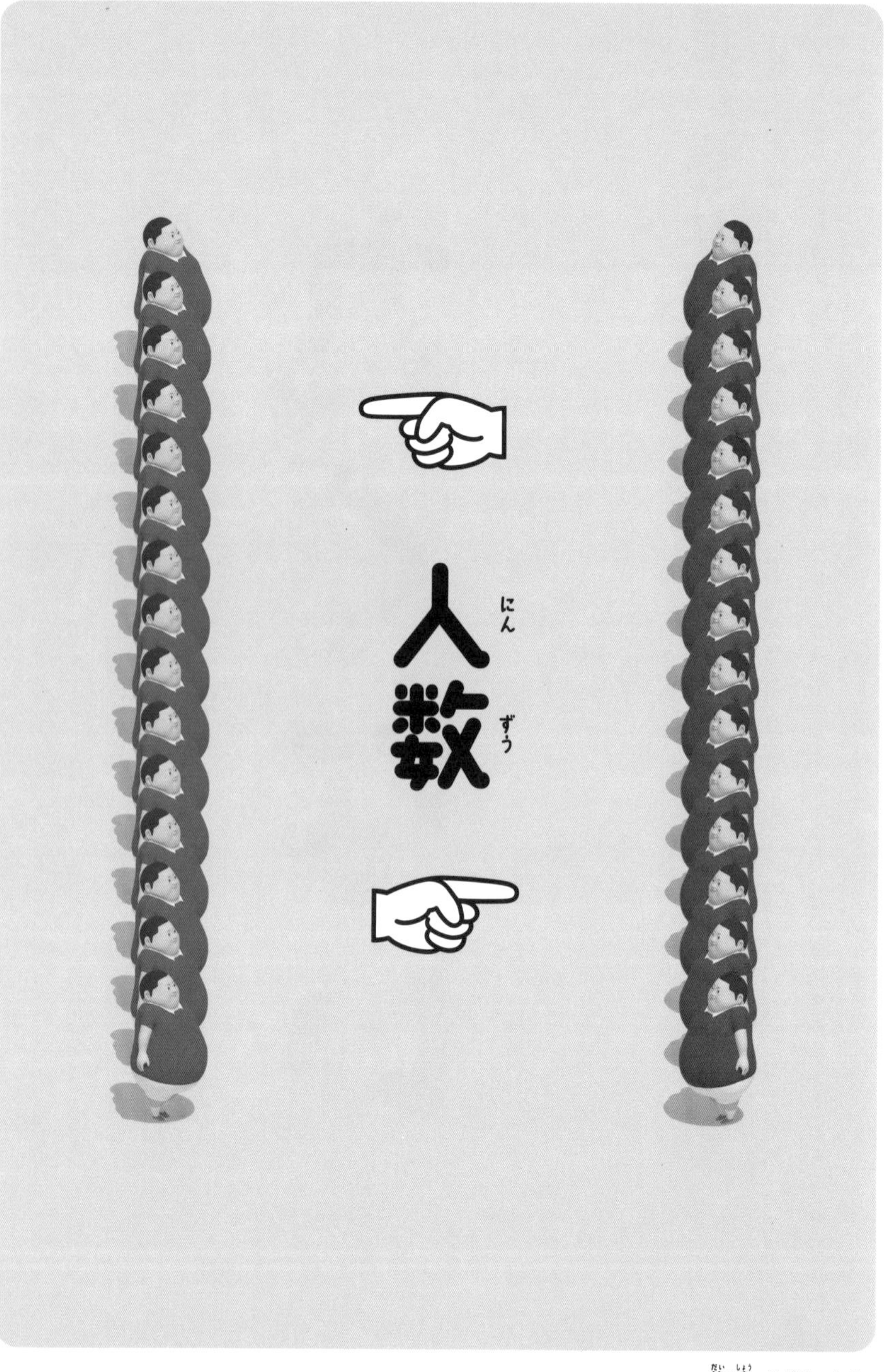
人《にん》数《ずう》

15人《にん》ずつ

大人数《おおにんずう》でぶつかりあう競技《きょうぎ》。

スポーツの中《なか》で最多人数《さいたにんずう》。サッカーとほぼ同《おな》じ広《ひろ》さのグラウンドで、ぶつかりあいます。プレーヤーのことを「フィフティーン」と呼《よ》ぶのはこのためです。ちなみに、選手交代《せんしゅこうたい》は8人《にん》までOKです。

時《じ》間《かん》

前《ぜん》後《こう》半《はん》40分《ぷん》ずつ

体力《たいりょく》の限界《げんかい》。

最大《さいだい》15分《ふん》のハーフタイムをはさんで80分間《ぷんかん》、休《やす》みなく肉弾戦《にくだんせん》が繰《く》り広《ひろ》げられます。80分《ぷん》になると、「ホーン！」という音《おと》がなります。これは、ラストプレーの合図《あいず》。ラストプレーが終《お》わると、そこで試合終了《しあいしゅうりょう》です。

勝《しょう》敗《はい》

得《とく》点《てん》の多《おお》いほうが勝《か》ち

点《てん》の取《と》り方《かた》は４つ。

①トライ
②コンバージョンキック
③ペナルティキック
④ドロップゴール

点《てん》の取《と》り方《かた》① ラグビーの最大《さいだい》の見《み》せ場《ば》です。

トライ

トライは、左《ひだり》の図《ず》にあるように、ボールを相手陣地《あいてじんち》の奥《おく》まで運《はこ》び地面《じめん》につけること。昔《むかし》の点数《てんすう》は4点《てん》でした。でもトライは、一番《いちばん》観客《かんきゃく》が盛《も》りあがるので、トライをねらうチームが多《おお》くなれば試合《しあい》が面白《おもしろ》くなるはず、ということで、点数《てんすう》が高《たか》くなり5点《てん》になりました。

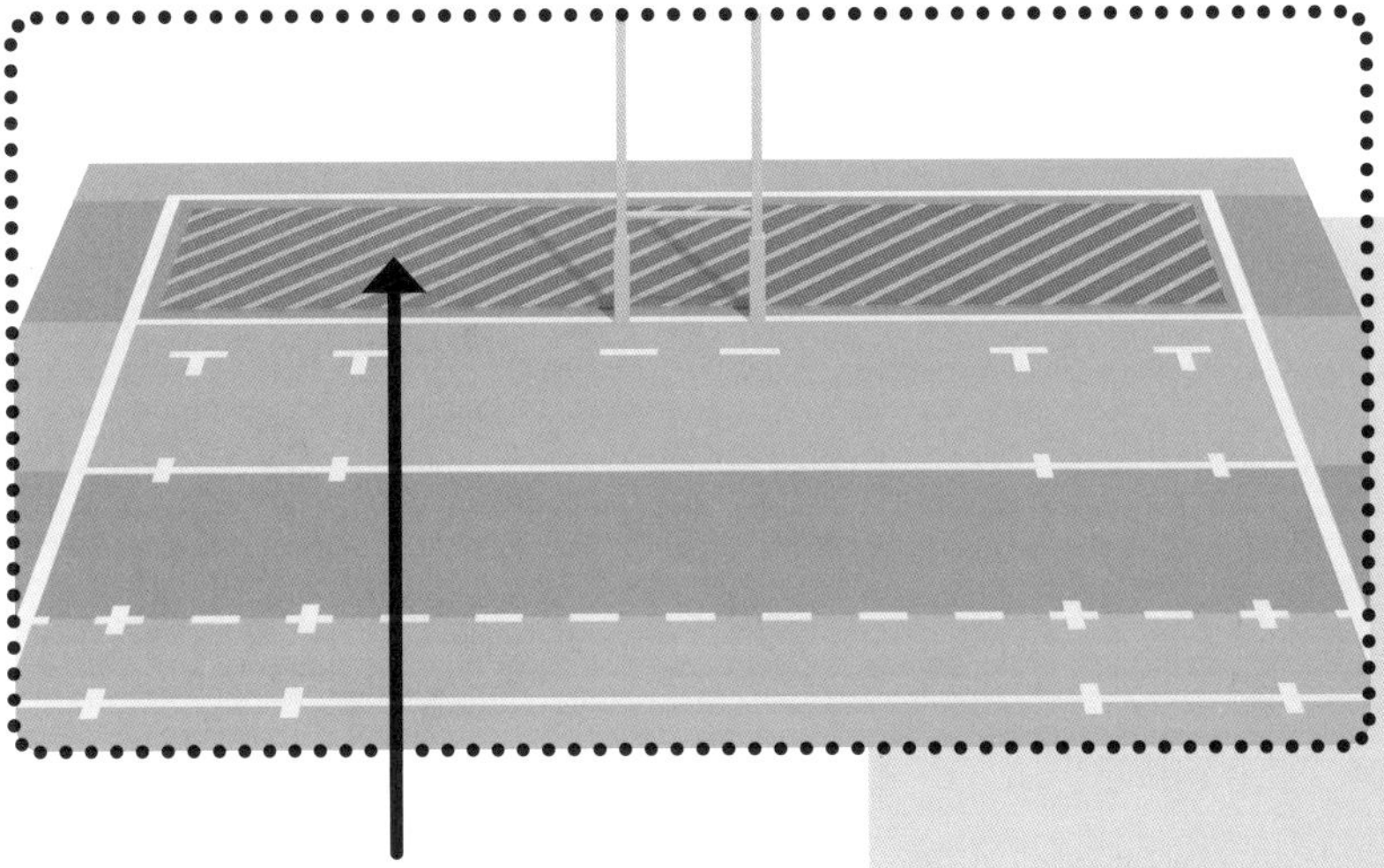

ここに
ボールを運《はこ》んで、
地面《じめん》に置《お》く。

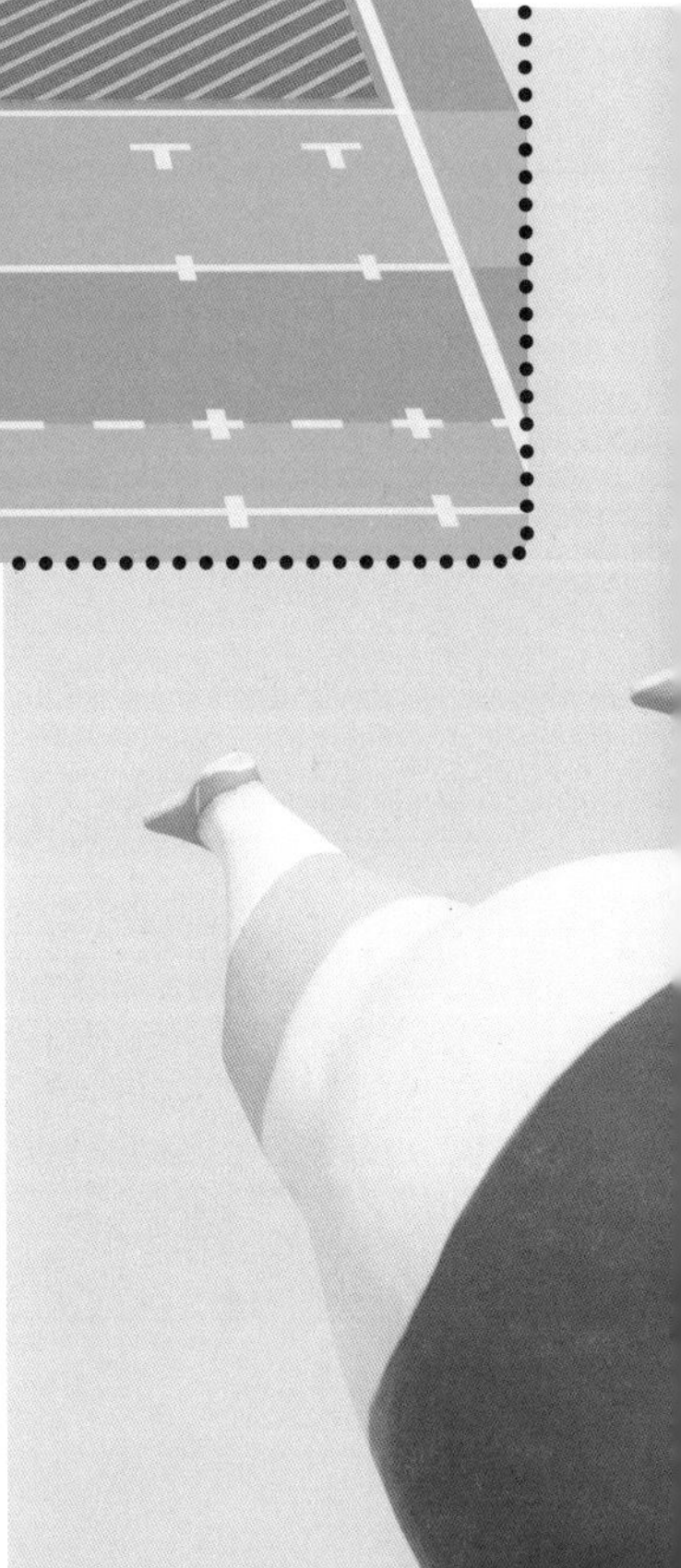

5点《てん》

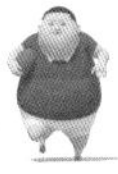
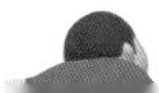

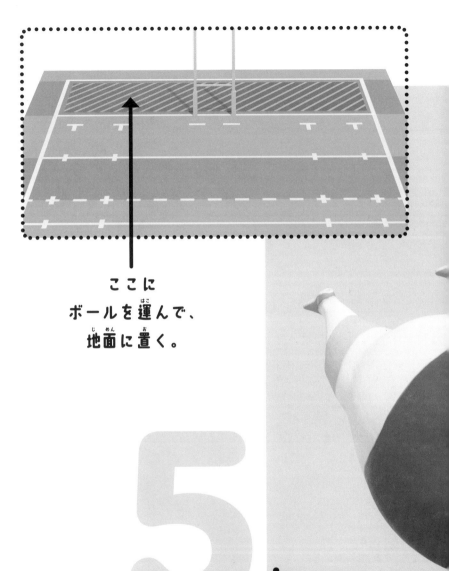

点《てん》の取《と》り方《かた》②　トライの後《あと》のごほうびキックです。

コンバージョンキック

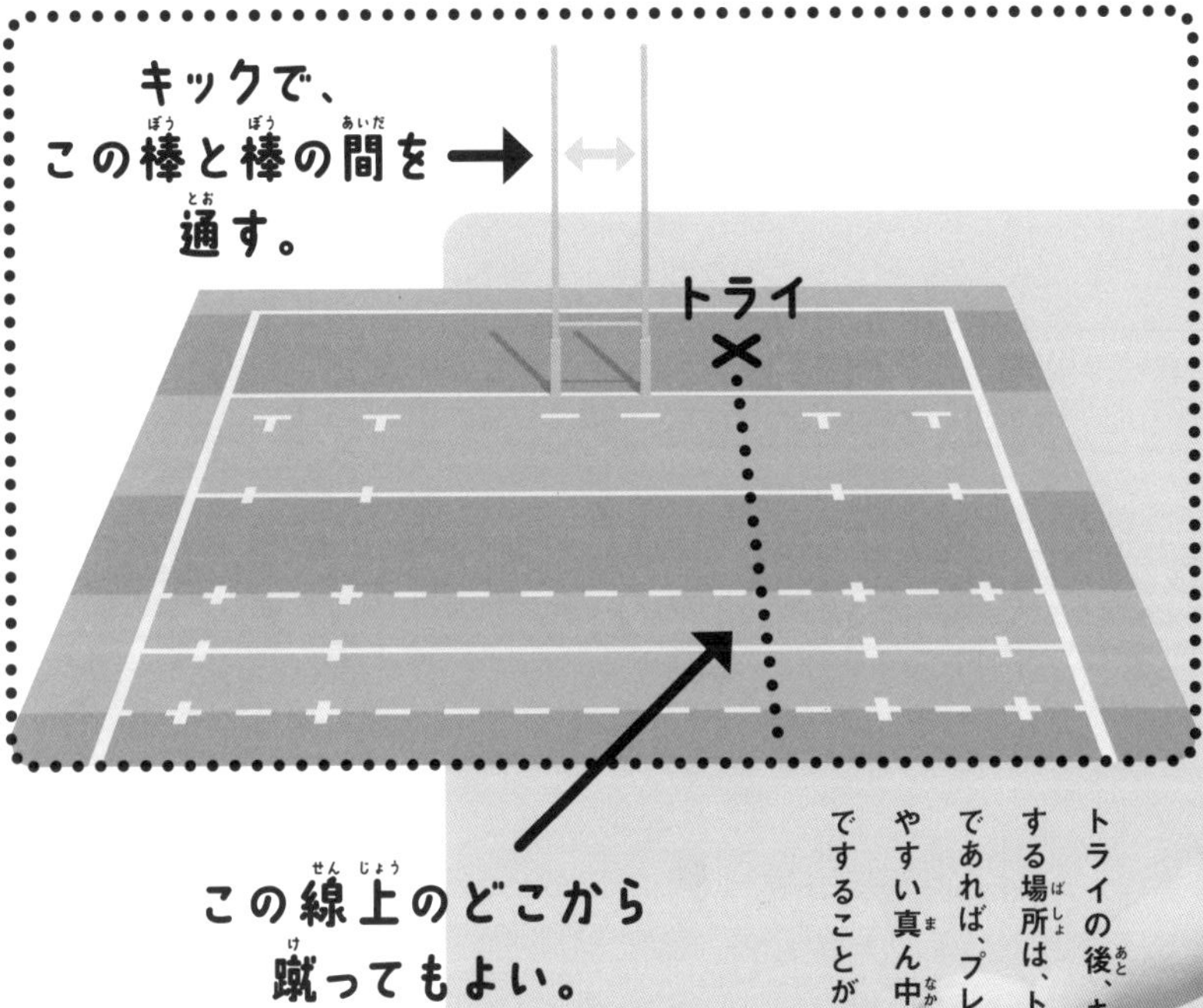

2点《てん》

トライの後《あと》、キックの成功《せいこう》で2点《てん》加《くわ》えることができます。キックをする場所《ばしょ》は、トライを決《き》めた地点《ちてん》からまっすぐ後《うし》ろに下《さ》がったところであれば、プレーヤーが自由《じゆう》に決《き》めることができます。ゴールをねらいやすい真《ま》ん中《なか》から蹴《け》ったほうが簡単《かんたん》なので、トライはなるべく中央《ちゅうおう》ですることがよいのです。

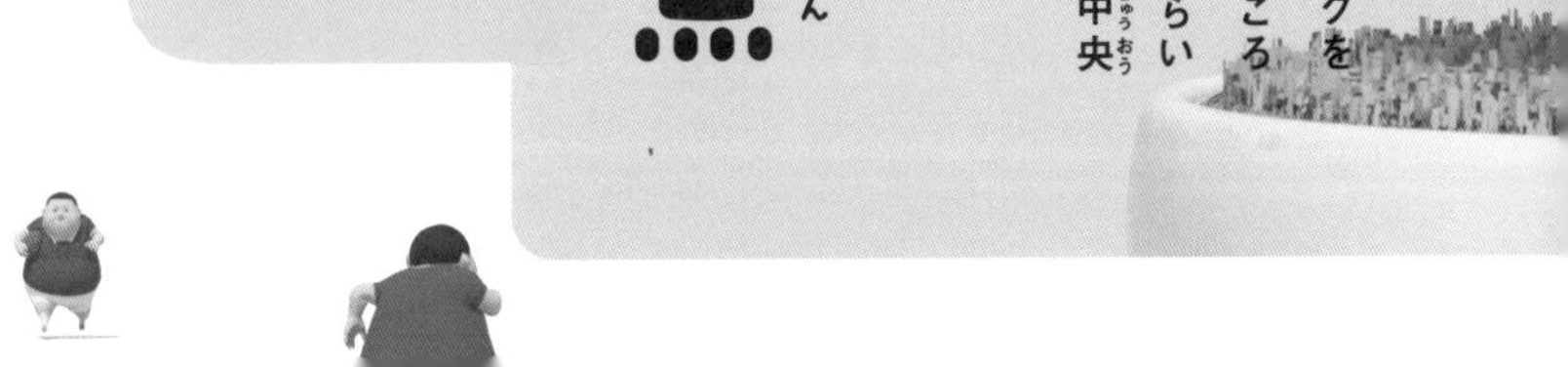

点《てん》の取《と》り方《かた》③ 反則《はんそく》されるとゴールがねらえます。

ペナルティキック

比較的重《ひかくてきおも》い反則《はんそく》をされると、反則《はんそく》のあったところからゴールをねらうことができます。成功《せいこう》すると3点《てん》です。トライに比《くら》べると点数《てんすう》は少《すく》ないですが、接戦《せっせん》の試合終盤《しあいしゅうばん》では勝敗《しょうはい》を左右《さゆう》するキックになります。

3点《てん》

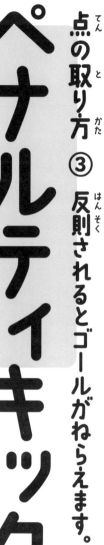

点《てん》の取《と》り方《かた》④ たまにしかないレアプレーです。

ドロップゴール

ドロップゴールは、一度地面《いちどじめん》にボールをバウンドさせてからキックし、ゴールをねらうことです。ドロップゴールでの得点《とくてん》はめったにありません。プロの試合《しあい》でも、1年《ねん》に数《かぞ》えるほどしか見《み》ることがないゴールです。プレーの流《なが》れの中《なか》でドロップゴールを狙《ねら》うのは、至難《しなん》のわざといえます。

3点《てん》

ラグビー独特《どく》《とく》の儀式《ぎしき》

スクラム

ラグビーでは大《おお》きな選手《せんしゅ》同士《どうし》が組《く》みあってボールを奪《うば》いあう、スクラムと呼《よ》ばれる場面《ばめん》がたびたび登場《とうじょう》します。

スクラムでは、両《りょう》チームの８人《にん》ずつで押《お》しあい、真《ま》ん中《なか》に入《はい》ったボールを奪《うば》いあいます。スポーツの試合《しあい》で、反則《はんそく》があった後《あと》の再開方法《さいかいほうほう》はいろいろありますが、ラグビーの場合《ばあい》は、スクラムが再開方法《さいかいほうほう》のひとつになります。とくに、ゴール付近《ふきん》でおこなうスクラムは、死力《しりょく》をつくした押《お》しあいとなり、大変《たいへん》な見《み》どころです。

キックの前《まえ》の儀式《ぎしき》にも意味《いみ》がある

ボールを地面《じめん》に置《お》いて、ゴールをねらいキックする時《とき》、蹴《け》るプレーヤーがニコっと笑《わら》ったり、身体《からだ》や顔《かお》を触《さわ》ったり、忍者《にんじゃ》のようなポーズをしてからキックする、という場面《ばめん》が、ラグビーの試合《しあい》では見《み》られます。このキックの時《とき》の儀式《ぎしき》は、『ルーティン』と呼《よ》ばれています。これは、ラグビー観戦《かんせん》の見《み》どころのひとつですが、選手《せんしゅ》が目立《めだ》ちたいからやっているわけではありません。

コンバージョンキック（22ページ参照《さんしょう》）は、トライを決《き》めてから90秒以内《びょういない》にキックをしなければなりません。キッカーはその間《かん》に息《いき》を整《ととの》え、平常心《へいじょうしん》を取《と》りもどしキックする必要《ひつよう》があります。これが決《き》まれば逆転《ぎゃくてん》するなど、よりプレッシャーがかかる場面《ばめん》でも、いつもと同《おな》じ動作《どうさ》（ルーティン）をすることで集中《しゅうちゅう》できるというわけです。

観戦《かんせん》の際《さい》は、集中《しゅうちゅう》しているキッカーの邪魔《じゃま》にならないように静《しず》かにお楽《たの》しみください。

＜ある選手《せんしゅ》のキック前《まえ》の儀式《ぎしき》＞

ボールを置《お》く

↓

後《うし》ろに下《さ》がりながらパンツを上《あ》げる

↓

左手《ひだりて》で前髪《まえがみ》をいじる

↓

芝生《しばふ》を投《な》げ風《かぜ》を確認《かくにん》

↓

右手《みぎて》でキックのイメージを確認《かくにん》

↓

ジャージを伸《の》ばす

↓

パンツを上《あ》げる

↓

右手《みぎて》で左肩《ひだりかた》を触《さわ》る

↓

左手《ひだりて》で右肩《みぎかた》を触《さわ》る

↓

左手《ひだりて》で前髪《まえがみ》をいじる

↓

ジャージを伸《の》ばす

↓

少《すこ》し胸《むね》を張《は》る

↓

パンツを上《あ》げる

↓

左手《ひだりて》で右肩《みぎかた》を触《さわ》る

↓

左手《ひだりて》で前髪《まえがみ》をいじる

↓

ジャージを伸《の》ばす

↓

胸《むね》を張《は》りながら手《て》を前《まえ》に組《く》む

↓

体《からだ》を揺《ゆ》らす

↓

体《からだ》を揺《ゆ》らす

↓

体《からだ》を揺《ゆ》らす

↓

ゴールをよく見《み》る

↓

助走《じょそう》

↓

蹴《け》る

↓

（ほぼ）入《はい》る

ラグビーの道具《どうぐ》

キックティ

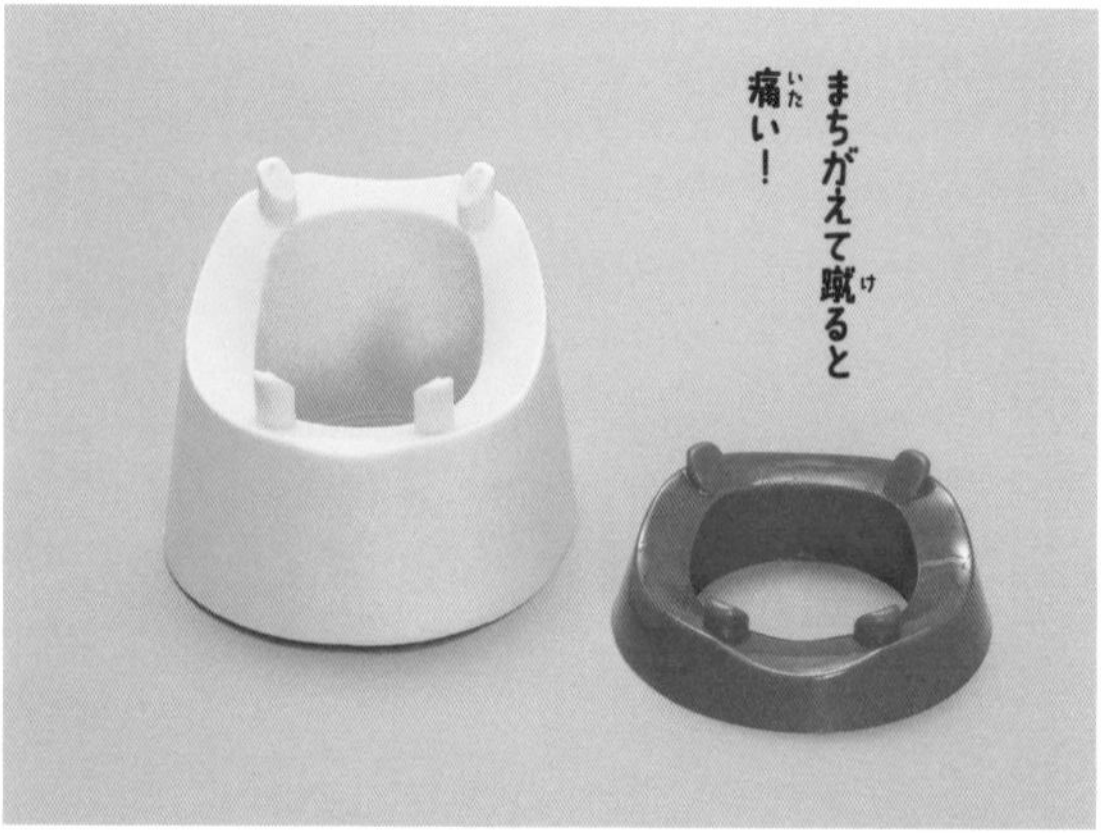

コンバージョンキックや、ペナルティキックで使用《しよう》します。
ボールが、だえん形《けい》なので、
これがないとボールは転《ころ》がってしまいます。
キックティがなかった時代《じだい》では、
土《つち》を掘《ほ》るか、土《つち》を盛《も》ってボールを立《た》てていました。

第《だい》2章《しょう》

反《はん》則《そく》

ラグビーには、反則《はんそく》がいろいろ決《き》められています。観戦《かんせん》するうえでは、
今回《こんかい》ご紹介《しょうかい》する「ノックオン」と「スローフォワード」さえ
知《し》っておけばなんとかなります。

落《お》とす

ラグビー二大反則《にだいはんそく》

前《まえ》に ノックオン

前《まえ》に落《お》としてしまうのは、「おっとっと」と、あわてて前《まえ》に落《お》としちゃうという単純《たんじゅん》なミスもありますが、相手《あいて》のタックルがすごかったり、雨《あめ》でボールがすべりやすかったりすることでも起《お》こります。ちなみに「ノッコン」と呼《よ》ぶことも多《おお》いのですが、英語《えいご》で言《い》うと、「knock on」なので正式名称《せいしきめいしょう》は、ノックオンです。

試合《しあい》で起《お》きる反則《はんそく》（攻撃時《こうげきじ》）のうち、およそ半分《はんぶん》がノックオンです。

投《な》げる

スローフォワード

スローフォワードは、ミスというより「おしいプレー」といえる反則《はんそく》です。というのも、スローフォワードが起《お》きるのは、たいていの場合《ばあい》、トライをねらっている場面《ばめん》です。トライをねらう場面《ばめん》では、少《すこ》しでも前進《ぜんしん》するために真横《まよこ》にパスをしようとしますし、パスを受《う》けとるプレーヤーのスピードも速《はや》くなります。そのため、ちょっとしたタイミングのズレで、前《まえ》に投《な》げてしまったり、受《う》けとる側《がわ》がパスを投《な》げるプレーヤーよりも前《まえ》にいってボールを受《う》けとってしまうことがあるのです。

ラグビー二《に》大《だい》反《はん》則《そく》

前《まえ》に

覚《おぼ》える反則《はんそく》が2つじゃ
物足《ものた》りないあなたに

ラグビーの反《はん》則《そく》一《いち》覧《らん》

ノットストレート

ラインアウトやスクラムでは、
ボールをまっすぐ投《な》げないと反則《はんそく》になります。
味方《みかた》に有利《ゆうり》になるようなあきらかなズルはダメです。

ノットリリースザボール

倒《たお》れてもボールを放《はな》さなかったら反則《はんそく》です。
タックルされて倒《たお》れた時《とき》は、
相手《あいて》が取りにきてもボールを放《はな》さなければなりません。

ノットロールアウェイ

タックルして倒《たお》れたままボールの動《うご》きやプレーを
じゃますると反則《はんそく》です。
タックルして倒《たお》れたら、すぐに立《た》ち上《あ》がらなければなりません。

ホールディング

タックルで倒《たお》した後《あと》に、相手《あいて》をつかんだままだと反則《はんそく》です。
相手《あいて》が倒《たお》れたら、手《て》を放《はな》さなければなりません。

オフサイド

ボールがある位置《いち》よりも前《まえ》でプレーすると反則《はんそく》になります。
プレーヤーがボールより前《まえ》にいたら、
ボールよりも後《うし》ろに下《さ》がってプレーしなければなりません。

オフサイド（密集時《みっしゅうじ》）

モールやラックなどの密集《みっしゅう》に、選手《せんしゅ》が横入《よこはい》りすると反則《はんそく》です。
密集《みっしゅう》では、後方《こうほう》からプレーに参加《さんか》しなければなりません。

コラプシング

スクラムやモールなどの密集《みっしゅう》を、わざと崩《くず》すと反則《はんそく》です。
ラグビーの密集《みっしゅう》では、正々堂々《せいせいどうどう》と押《お》しあう必要《ひつよう》があります。

オーバーザトップ

密集《みっしゅう》では、相手側《あいてがわ》に倒《たお》れこむと反則《はんそく》になります。
ボールを出《だ》すのをじゃましたことになるからです。

ハンド

ラグビーにもハンドの反則《はんそく》があります。
密集時《みっしゅうじ》、地面《じめん》にあるボールを手《て》で動《うご》かすと反則《はんそく》です。

ハイタックル

タックルは、相手《あいて》の肩《かた》より下《した》にする必要《ひつよう》があります。
肩《かた》から上《うえ》へのタックルは、大変危険《たいへんきけん》なので反則《はんそく》です。

ノーボールタックル

ボールを持《も》っていないプレーヤーにタックルするのは反則《はんそく》です。
タックルは、ボールを持《も》っている敵《てき》を止《と》めるためにするものです。

オブストラクション

攻撃側《こうげきがわ》は、ボールを持《も》っている味方《みかた》を守《まも》るために
相手《あいて》の動《うご》きを妨害《ぼうがい》してはいけません。
ボールを持《も》っていないプレーヤーの動《うご》きをじゃまするとは反則《はんそく》です。

アドバンテージ

反則《はんそく》があってもプレーが続《つづ》くことがよくあります。
そんな時《とき》、レフリーの腕《うで》が水平《すいへい》に上《あ》がっていたらアドバンテージ。
反則《はんそく》されたチームが攻撃《こうげき》している場合《ばあい》はプレーを続《つづ》けたほうが得《とく》なので、
攻撃《こうげき》を続《つづ》けてOK！とレフリーが判断《はんだん》しているのです。

反則《はんそく》によって、その後《あと》の再開方法《さいかいほうほう》が違《ちが》います。

①スクラム

ノックオンやスローフォワードなどの比較的軽《ひかくてきかる》い反則《はんそく》は相手《あいて》ボールの「スクラム」から試合《しあい》が再開《さいかい》されます。

②ペナルティキック

オフサイドやノットリリースザボールなどの比較的《ひかくてき》重《おも》い反則《はんそく》は、相手《あいて》ボールのペナルティキックで試合《しあい》が再開《さいかい》されます。

ラグビーにもイエローカードがある。

シンビン

外《そと》で頭《あたま》を冷《ひ》やしてきなさい！

グラウンドの外《そと》に、ひとりぽつんと座《すわ》らせられているプレーヤーがいたら、イエローカードをもらって「シンビン」になったんだなと思《おも》ってください。シンビンとは「罪《つみ》の箱《はこ》」という意味《いみ》で、悪質《あくしつ》なプレーをすると、10分間席《ぶんかんせき》に座《すわ》って反省《はんせい》しなければなりません。この間《かん》、味方《みかた》チームは14人《にん》でプレーしなければならないので、「申《もう》しわけない」「チームメートに何《なに》を言《い》われるだろう」「試合後《しあいご》にいじられるな」などなど、いろいろなことが頭《あたま》をぐるぐるまわるそう。もっとひどい行為《こうい》になると、レッドカードで一発退場《いっぱつたいじょう》もあります。

ごめんなさぃ・・・

ーは、ッ

ラリアットとかはダメです。

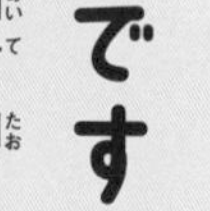

ラグビーは、肉弾戦《にくだんせん》とか格闘技《かくとうぎ》と言《い》われることが多《おお》いです。相手《あいて》を倒《たお》すための激《はげ》しいタックル。タックルに来《き》た相手《あいて》を張《は》り手《て》のように突《つ》き放《はな》すハンドオフ。それらを見《み》れば、確《たし》かになんでもありと思《おも》われるかもしれません。

し・か・し！ラリアットや投《な》げ倒《たお》すことは反則《はんそく》です。肩《かた》より上《うえ》、首《くび》などへのタックルや、ボールを持《も》っていないプレーヤーへの攻撃《こうげき》は、ラフプレーとして重《おも》い罰《ばつ》を受《う》けます。

そして、もっとも重《おも》い罪《つみ》は、相手《あいて》への報復行為《ほうふくこうい》です。ラフプレーで倒《たお》されてしまっても、反撃《はんげき》してパンチなどすれば、一発《いっぱつ》で退場《たいじょう》となることがあります。

ラグビーは、ケンカではありません。正々堂々《せいせいどうどう》と戦《たたか》うことを求《もと》められるスポーツです。

ラグビ
スポー
です。

「ラグビーの日《ひ》」がある。

ラグビーふむふむノート②

ラグビーの起源《きげん》は、1823年《ねん》8月《がつ》24日《か》と言《い》われています。その日《ひ》、イングランドのパブリックスクールで行《おこな》われたフットボール（サッカー）の試合中《しあいちゅう》、ウィリアム・ウェッブ・エリスという人物《じんぶつ》が突然《とつぜん》ボールを手《て》に持《も》ち、ゴールに向《む》かって走《はし》ってしまう、ということが起《お》こりました。「ボールを持《も》って走《はし》るのは反則《はんそく》だけど面白《おもしろ》い！」と、これがきっかけでラグビーが誕生《たんじょう》したと言《い》われ、それを記念《きねん》して8月《がつ》24日《か》がラグビーの日《ひ》になりました。でも実《じつ》は、このエピソードはフィクションだったという説《せつ》が有力《ゆうりょく》となっています。その当時《とうじ》はまだ今《いま》のようなフットボールもなく、この出来事《できごと》がラグビーを生《う》んだという証拠《しょうこ》も残《のこ》っていないためです。今《いま》では、ラグビーを広《ひろ》げていくために、ウィリアム・ウェッブ・エリスが亡《な》くなった後《あと》に作《つく》られたエピソードではないかと考《かんが》えられています。

ちなみに、日本《にほん》でラグビーを広《ひろ》げていく上《うえ》で貢献《こうけん》したもののひとつに、「one for all, all for one」という言葉《ことば》があります。この有名《ゆうめい》な言葉《ことば》は、もともと「三銃士《さんじゅうし》」というフランスの物語《ものがたり》で登場《とうじょう》する言葉《ことば》で、世界《せかい》ではラグビーの言葉《ことば》として知《し》られているものではありません。ラグビーの重要《じゅうよう》な精神《せいしん》として日本独自《にほんどくじ》で使《つか》っていたものが、TVドラマなどを通《つう》じて日本国内《にほんこくない》で広《ひろ》く知《し》られるようになりました。

August
24

ラグビーの道具《どうぐ》

魔《ま》法《ほう》のヤカン

今《いま》は昔《むかし》、試《し》合《あい》中《ちゅう》にプレーヤーが倒《たお》れると、
ヤカンから冷《つめ》たい水《みず》をあびせました。
するとプレーヤーが、水《みず》の冷《つめ》たさにびっくりして起《お》き、
試《し》合《あい》を続《つづ》けたため
「魔《ま》法《ほう》のヤカン」と呼《よ》ばれていました。

第《だい》3章《しょう》

ポジション

ラグビーは、1チーム10個《こ》のポジション、合計《ごうけい》15人《にん》で構成《こうせい》されます。

ポジションごとに役割《やくわり》も異《こと》なれば、

プレーヤーの特徴《とくちょう》も違《ちが》ってくるところが面白《おもしろ》い部分《ぶぶん》です。

ポジションを知《し》れば、見《み》どころもふえるので覚《おぼ》えておくとよいと思《おも》います。

ラグビーのポジションは、前《まえ》にいるフォワード（FW）というスクラムを組《く》む力強《ちからづよ》い８人《にん》と、バックス（BK）と呼《よ》ばれるスクラムの後方《こうほう》でトライをねらう７人《にん》にわかれます。ざっくりまとめてしまうと、フォワードはガッシリで押《お》すのが得意《とくい》。バックスは細《ほそ》マッチョで走《はし》るのが得意《とくい》。ということになります。

役割《やくわり》の違《ちが》いも、ざっくりですがあります。なんとなく守備的《しゅびてき》なのがフォワードで、なんとなく攻撃的《こうげきてき》なのがバックスです。サッカーでは、フォワードが攻撃《こうげき》でバックスが守備《しゅび》なので、とまどう人《ひと》も多《おお》いかもしれません。ラグビーのフォワードとバックスは、「サッカーと逆《ぎゃく》」と覚《おぼ》えてしまいましょう。

前《まえ》の方《ほう》にいる大柄《おおがら》な８人《にん》

フォワード （FW）

略《りゃく》してこう書《か》くことが多《おお》い。

後《うし》ろの方《ほう》にいる俊敏《しゅんびん》そうな７人《にん》

バックス （BK）

プロップ

優《やさ》しい怪力《かいりき》

フォワード

背番号《せばんごう》 1 または 3

プロップ（PR）は、日本語《にほんご》でいうと支柱《しちゅう》。スクラムを支《ささ》える役割《やくわり》です。彼《かれ》らが活躍《かつやく》するのはおもにスクラムですが、そこでは、味方《みかた》が後《うし》ろから押《お》す力《ちから》と相手《あいて》の前《まえ》から来《く》る力《ちから》を、首《くび》で支《ささ》えています。ですから、首《くび》の筋力《きんりょく》はもちろんですが、精神的《せいしんてき》にも我慢《がまん》が求《もと》められます。その姿《すがた》は、上《うえ》からの圧力《あつりょく》、下《した》からの突《つ》き上《あ》げの間《あいだ》でたえしのぶ中間管理職《ちゅうかんかんりしょく》のようです。人柄《ひとがら》は、明《あか》るく優《やさ》しい人《ひと》が多《おお》いようです。愛《あい》すべき熊《くま》のようなキャラクターで、チームメートからもいじられることもしばしば。スクラム最前列《さいぜんれつ》を組《く》むフッカーとプロップの3人《にん》（背番号《せばんごう》1～3）は、三兄弟《さんきょうだい》と呼《よ》ばれるほど、公私《こうし》ともに仲良《なかよ》し。いつも3人《にん》でつるむ姿《すがた》を目撃《もくげき》されています。ここだけの話《はなし》ですが、試合中《しあいちゅう》にもおしゃべりしているので、要注意《ようちゅうい》です。

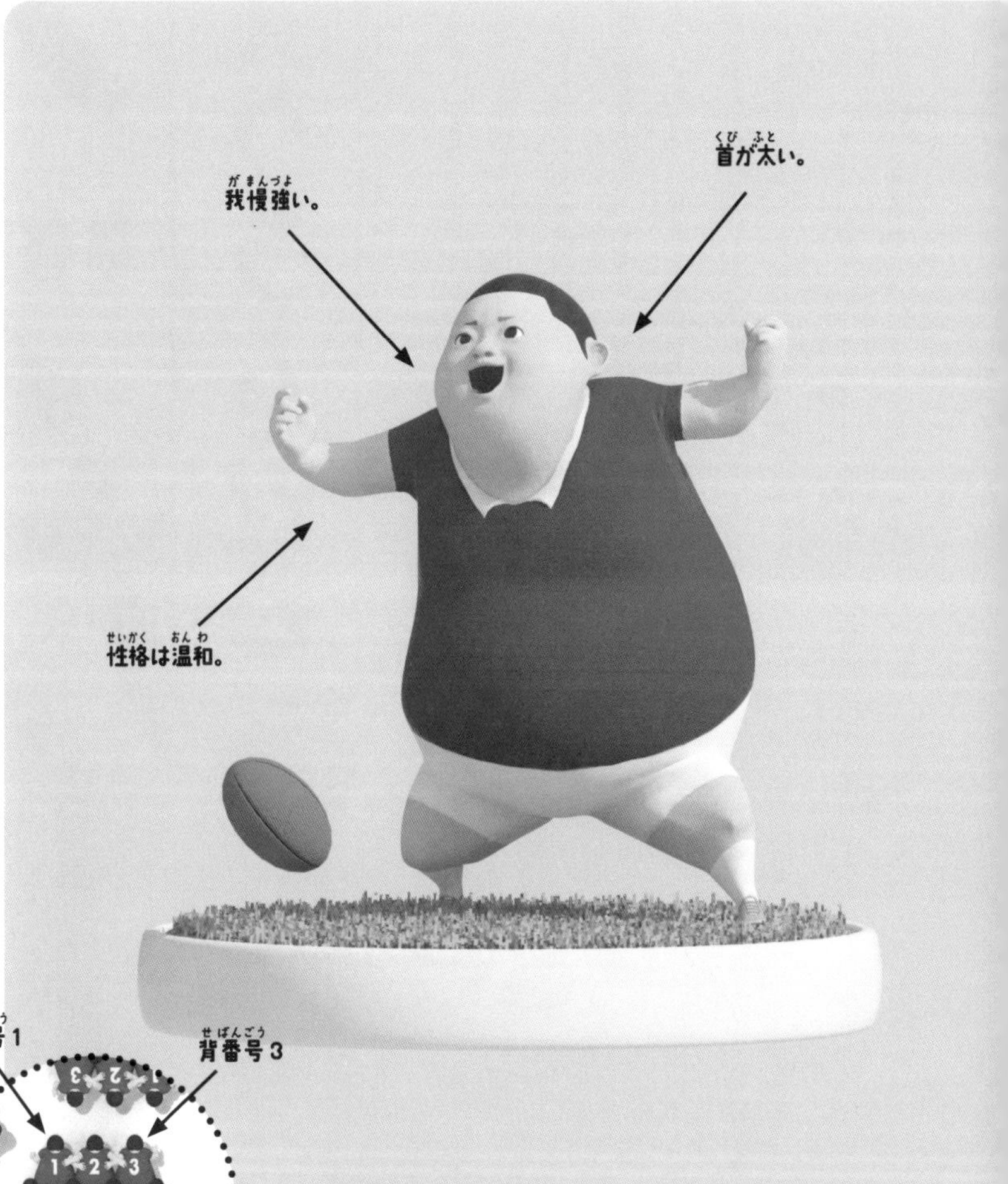
首《くび》が太《ふと》い。
我慢強《がまんづよ》い。
性格《せいかく》は温和《おんわ》。

背番号《せばんごう》1
背番号《せばんごう》3
スクラムの最前列左右《さいぜんれつさゆう》にいる人《ひと》。

フッカー

スクラムの要《かなめ》

フォワード

背番号《せばんごう》

2

身体《からだ》は大《おお》きく、手足《てあし》の器用《きよう》さが必要《ひつよう》になるのがフッカー（HO）です。スクラムでは、ボールをフックのように足《あし》に引《ひ》っかけ、後《うし》ろに転《ころ》がします。また、ラインアウトではスローインを任《まか》されることが多《おお》いので、ボールを正確《せいかく》に投《な》げる能力《のうりょく》も必要《ひつよう》になってきます。このように、手足《てあし》を上手《じょうず》に使《つか》うことが多《おお》いため、器用《きよう》な人《ひと》が任《まか》されるポジションです。

スクラムを組《く》む時《とき》は、先頭《せんとう》にいるので相手《あいて》やレフリーとのかけひきも必要《ひつよう》になります。そのため、コミュニケーション能力《のうりょく》も高《たか》い人《ひと》が多《おお》いのも特徴《とくちょう》。手足《てあし》も器用《きよう》で、口達者《くちたっしゃ》。それがフッカーと言《い》えるでしょう。

ちなみに、フッカーはお洒落《しゃれ》な人《ひと》も多《おお》いです。これは、スクラムの先頭《せんとう》やラインアウトでテレビに映《うつ》ることも多《おお》いので、髪型《かみがた》に気《き》を配《くば》り、見《み》た目《め》にもこだわっているからかもしれません。

身体《からだ》が大《おお》きいからって、
デブではない、、
デブではないですよ！

こだわりの髪型《かみがた》。
大量《たいりょう》のWaxが必要《ひつよう》。

うれしい声援《せいえん》。
↓
「ヨー！意外《いがい》に器用《きよう》！」

足《あし》が器用《きよう》

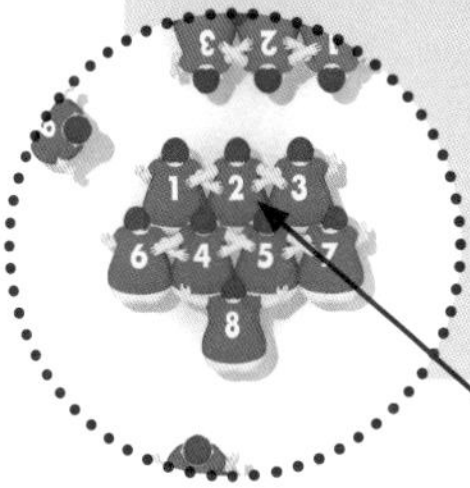

スクラムの最前列《さいぜんれつ》真《ま》ん中《なか》の背番号《せばんごう》2の人《ひと》。

ロック

大《だい》巨《きょ》人《じん》

フォワード

ロック（LO）は、チーム一《いち》の巨人《きょじん》。国内《こくない》トップリーグ選手《せんしゅ》でも平均身長《へいきんしんちょう》は190cmを超《こ》えます。ラインアウトでは、味方《みかた》に持《も》ち上《あ》げられて5m近《ちか》くの高《たか》さでボールを取《と》ります。スクラムでは2列目《れつめ》から押《お》し上《あ》げていくので、桁違《けたちが》いのパワーの持《も》ち主《ぬし》でもあります。車《くるま》にたとえると、スクラムの一列目《いちれつめ》はハンドルやタイヤ。スクラム二列目《にれつめ》のロックは、エンジンと言《い》えるでしょう。そんなロックがボールを持《も》ったら、注目《ちゅうもく》しましょう。相手《あいて》をなぎ倒《たお》す迫力《はくりょく》あるシーンを楽《たの》しめます。ラグビーがさかんなニュージーランドでは、子《こ》どもたちが目指《めざ》すポジションはロックと言《い》われています。グラウンドでも目立《めだ》ちますし、プレーもまさに「頼《たよ》れるヤツ」、そんな姿《すがた》に憧《あこが》れるのでしょうね。

背番号《せばんごう》4または5

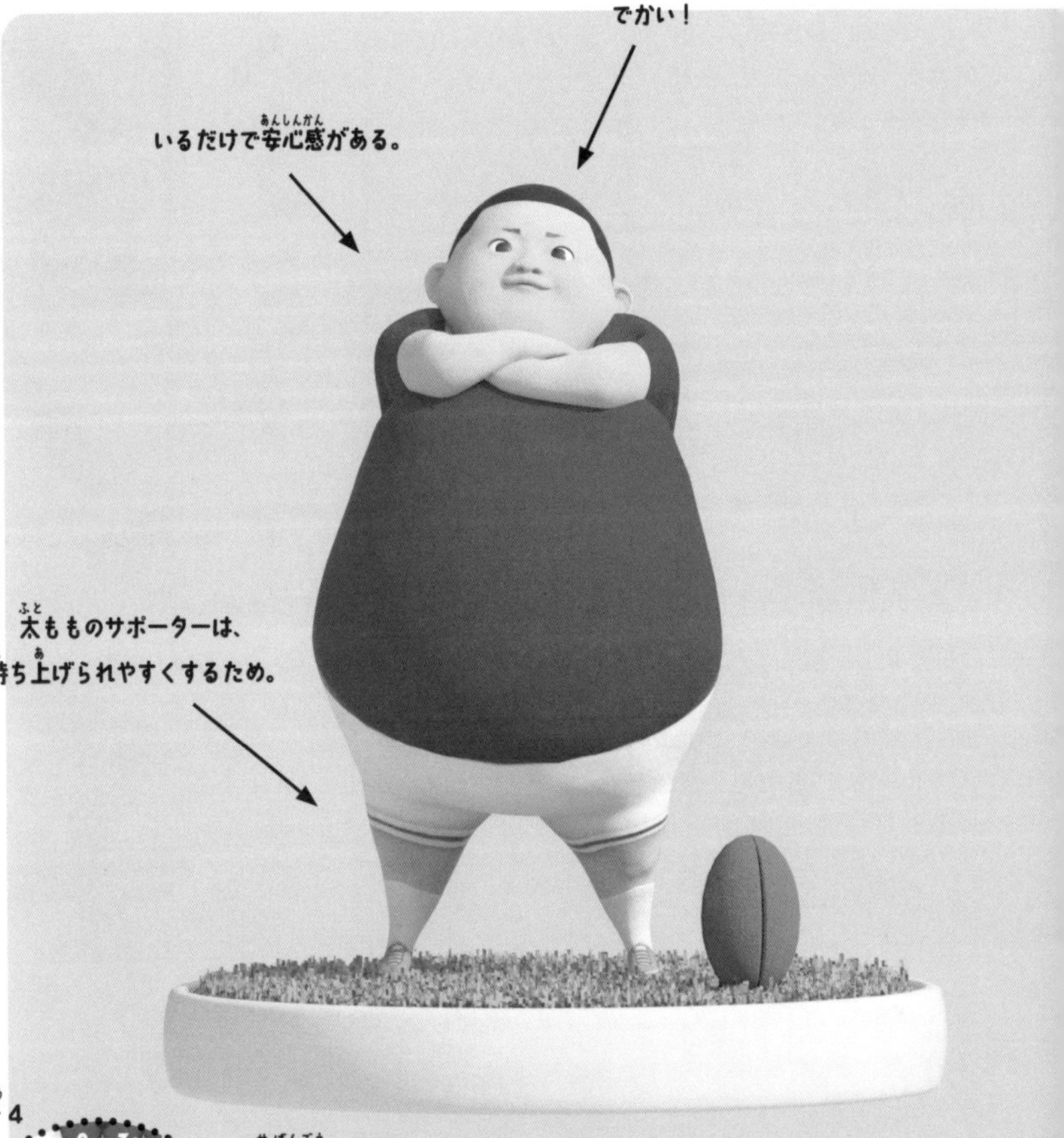
平均身長《へいきんしんちょう》は190cm以上《いじょう》！
でかい！
いるだけで安心感《あんしんかん》がある。
太《ふと》もものサポーターは、
持《も》ち上《あ》げられやすくするため。

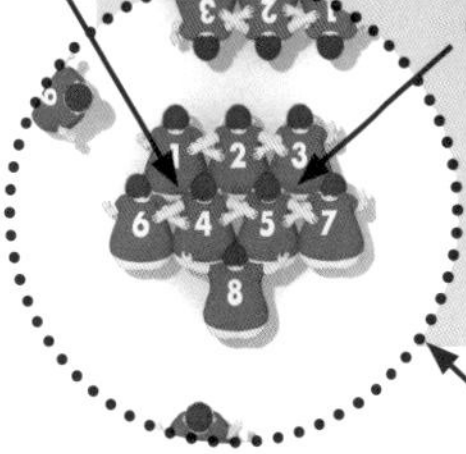
背番号《せばんごう》4
背番号《せばんごう》5
スクラムの2列目《れつめ》真《ま》ん中《なか》にいるふたり。

フランカー

スタミナ王《おう》

フォワード

フランカー（FL）は、あらゆるところに顔《かお》を出《だ》す、チーム一《いち》の仕事量《しごとりょう》と運動量《うんどうりょう》が必要《ひつよう》なポジションです。スクラムを組《く》む時《とき》には、スクラムの両脇《りょうわき》に位置《いち》するので、他《ほか》のフォワードに比《くら》べると動《うご》きやすく、スクラムからボールが出《で》たらすぐ動《うご》きだします。どんなにチームが苦《くる》しくてもタフに動《うご》きまわる姿《すがた》に、ラグビー通《つう》の人《ひと》もココロを動《うご》かされて、「ナイスガッツ！」と拍手《はくしゅ》をおくります。80分間《ぷんかんやす》休まず動《うご》ける体力《たいりょく》に加《くわ》えて、何度《なんど》倒《たお》されても立《た》ちあがる強《つよ》い精神力《せいしんりょく》を持《も》っている、「気持《きも》ちでプレー」をモットーにしているプレーヤーが、フランカーと言《い》えるでしょう。

背番号《せばんごう》

6または7

好《す》きな言葉《ことば》は
「ガッツ」

トライの影《かげ》の功労者《こうろうしゃ》の時《とき》が多《おお》い。
（いつか報《むく》われたい。）

黙々《もくもく》と働《はたら》き続《つづ》ける
献身的《けんしんてき》な奴《やつ》。

背番号《せばんごう》6

背番号《せばんごう》7

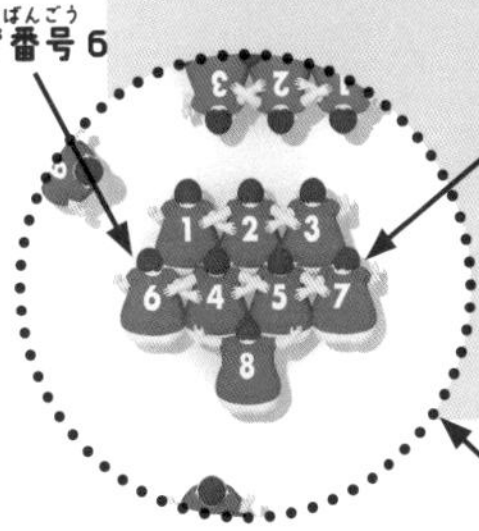

スクラムの2列目《れつめ》左右《さゆう》にいるふたり。

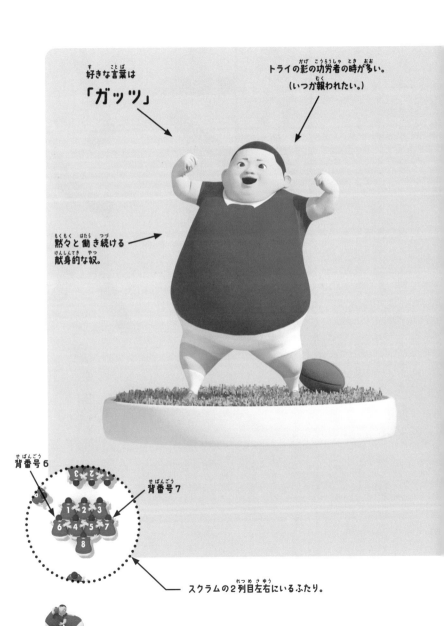

ナンバーエイト

暴《あば》れん坊《ぼう》

フォワード

背番号《せばんごう》

8

ナンバーエイト（NO.8）は、スクラムの最後尾《さいこうび》にいます。後方《こうほう》から状況《じょうきょう》がわかるので、フォワードのまとめ役《やく》をつとめるポジションです。また、フォワードではめずらしく、個《こ》で局面《きょくめん》を突破《とっぱ》することが求《もと》められるポジションでもあります。試合《しあい》では、スクラムやラックといった密集《みっしゅう》からひとりボールを持《も》ち出《だ》して突破《とっぱ》するシーンがありますが、背番号《せばんごう》を見《み》れば、だいたい「8」と書《か》いてあるはずです。「オラオラオラ！」と、密集《みっしゅう》から頭《あたま》ひとつ飛《と》び出《だ》していくエイトの姿《すがた》に要注意《ようちゅうい》です。パワーもあってスピードもある。そして、自分《じぶん》の力《ちから》で局面《きょくめん》を打開《だかい》していく。そのため、ナンバーエイトは、身体能力《しんたいのうりょく》が化《ば》け物級《ものきゅう》なプレーヤーが多《おお》いようです。ラグビーでなければ、総合格闘技《そうごうかくとうぎ》で活躍《かつやく》していたに違《ちが》いありません。

もっとも新《あたら》しいポジション。
40年前《ねんまえ》にできた。

友《とも》だちにいると頼《たの》もしい。

ワガママだが
結果《けっか》で示《しめ》すタイプ。

スクラム3列目《れつめ》の背番号《せばんごう》8の人《ひと》。

スクラムハーフ

背番号《せばんごう》 9

つなぎ役《やく》

バックス

スクラムハーフ（SH）は、スクラムや密集《みっしゅう》をつくるフォワードからバックスにパスをするポジション。フォワードとバックスのつなぎ役《やく》です。バレーボールでいうとセッターのようなポジションで、ボールをつなぎ、攻撃《こうげき》のリズムをつくっていきます。密集《みっしゅう》からテンポよくパスを出《だ》す場面《ばめん》は見《み》どころですが、自分《じぶん》よりも大《おお》きいフォワードのプレーヤーを叩《たた》いたり、蹴《け》ったりして、叱咤激励《しったげきれい》している場面《ばめん》も見《み》られるはずです。フォワードのもうひと押《お》しを指揮《しき》する猛獣使《もうじゅうつか》いのようで、ラグビーならではのシーンです。性格《せいかく》は負《ま》けん気《き》が強《つよ》く、相手《あいて》が先輩《せんぱい》でも、自分《じぶん》より身体《からだ》が大《おお》きい相手《あいて》でも、一歩《いっぽ》も引《ひ》きません。「グラウンドではクソガキにもなる」それが、スクラムハーフです。

小柄《こがら》なプレーヤーが多《おお》い。
平均身長《へいきんしんちょう》170cm。
かわいい後輩《こうはい》タイプ。
パスの回数《かいすう》が
とにかく多《おお》い。

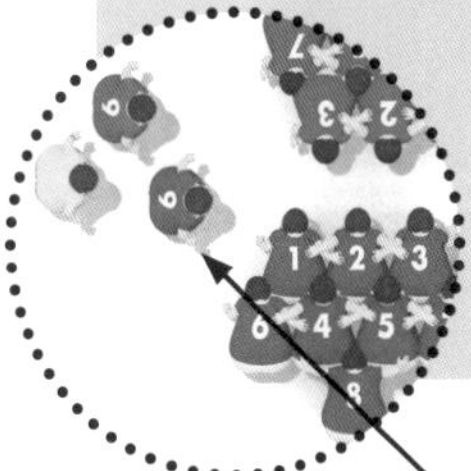
スクラムにボールを入《い》れる背番号《せばんごう》9の人《ひと》。

スタンドオフ

司《し》令《れい》塔《とう》

バックス

背番号《せばんごう》 10

スタンドオフ（SO）は、パスもランもキックもうまくないとできないポジション。花形《はながた》と言《い》われますが、つねにまわりに気《き》を配《くば》らないといけない大変《たいへん》なポジションです。ラグビーは、基本的《きほんてき》に試合中《しあいちゅう》は監督《かんとく》からの指示《しじ》はありません。試合中《しあいちゅう》は攻撃《こうげき》だけでなく、味方《みかた》の守備陣形《しゅびじんけい》もスタンドオフが指示《しじ》しています。グラウンドの指揮官《しきかん》として、ものすごく頭《あたま》を使《つか》うポジションでもあるのです。かかるプレッシャーも大《おお》きく、勝敗《しょうはい》はスタンドオフの出来《でき》によると言《い》われているほどです。

そして、スタンドオフはチームごとにキャラクターが一番異《いちばんこと》なると言《い》われています。まわりをうまく使《つか》っておいしいところをねらうタイプもいれば、自分《じぶん》よりも周囲《しゅうい》の活躍《かつやく》を後押《あとお》しするタイプもいます。「このスタンドオフは王様《おうさま》タイプ？　フィクサータイプ？」と想像《そうぞう》しながら観戦《かんせん》するのもオススメです。

スクラムから出《で》るボールを受《う》けとる背番号《せばんごう》10の人《ひと》。

ウイング

超《ちょう》特《とっ》急《きゅう》

バックス

ウイング（WTB）は、バックスの一番外側《いちばんそとがわ》にいて、最後《さいご》にパスを受《う》けることが多《おお》いポジション。足《あし》の速《はや》さをいかしてトライするシーンが見《み》どころです。みんなでつないできたボールを最後《さいご》に受《う》けとる。おいしいポジションと言《い》えそうですが、逆《ぎゃく》にボールがまわってこないことも多《おお》いので、孤独《こどく》なポジションでもあります。試合《しあい》では、攻守《こうしゅ》で1対《たい》1になる場面《ばめん》が多《おお》いので、プレッシャーを感《かん》じることがしばしば。みんなでつないだボールを落《お》としてしまった時《とき》には、背筋《せすじ》が凍《こお》る思《おも》いをするそうですが、それを引《ひ》きずらないメンタルも必要《ひつよう》になってきます。スタジアムでウイングがボールを持《も》てば、観客全員《かんきゃくぜんいん》が立《た》ちあがります。トライを決《き》めた時《とき》の爽快感《そうかいかん》をぜひスタジアムで味《あじ》わってください。

背番号《せばんごう》

11 または 14

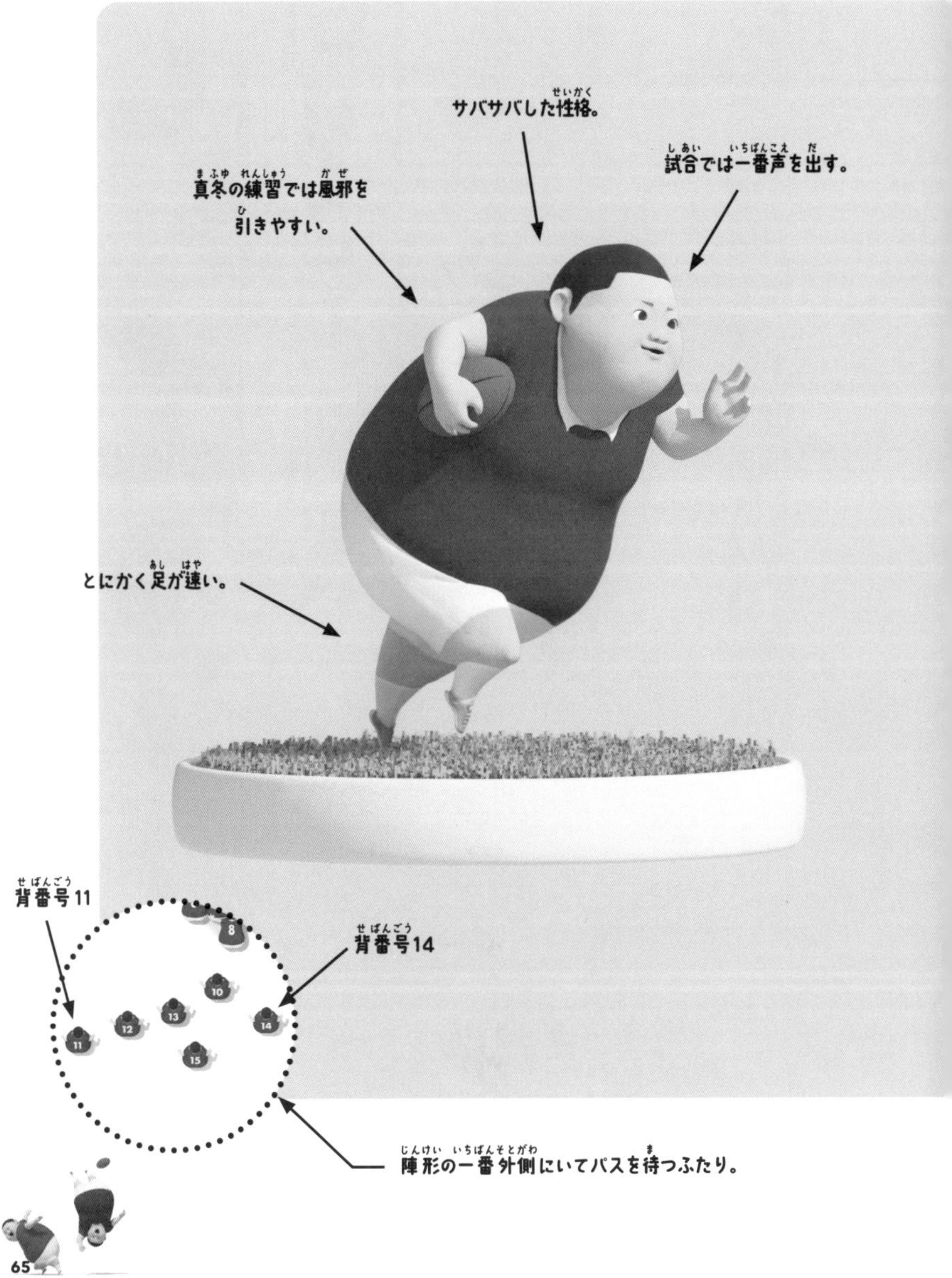
サバサバした性格《せいかく》。
試合《しあい》では一番声《いちばんこえ》を出《だ》す。
真冬《まふゆ》の練習《れんしゅう》では風邪《かぜ》を
引《ひ》きやすい。
とにかく足《あし》が速《はや》い。
背番号《せばんごう》11
背番号《せばんごう》14
8
10
13
12
14
11
15
陣形《じんけい》の一番外側《いちばんそとがわ》にいてパスを待《ま》つふたり。

センター

切《き》りこみ隊《たい》長《ちょう》

バックス

センター（CTB）はパスやランでチャンスを広《ひろ》げていくポジション。バックスの中《なか》でも自由度《じゆうど》が高《たか》いポジションと言《い》われていますが、センターの仕事《しごと》は「とりあえず、一歩《いっぽ》でも前進《ぜんしん》」が基本《きほん》です。そのため試合《しあい》では、目《め》の前《まえ》にいる相手《あいて》のセンターとのぶつかりあいが多《おお》く見《み》られます。ガチンコのぶつかりあいは、プライドをかけたタイマン勝負《しょうぶ》となり、格闘技《かくとうぎ》のような迫力《はくりょく》ある場面《ばめん》です。「どちらのチームのセンターが勝《か》つのか？」と見《み》てみるのも面白《おもしろ》いと思《おも》います。

センターの選手《せんしゅ》は「びびったら負《ま》け」という熱《あつ》いハートの持《も》ち主《ぬし》であることが多《おお》く、身体《からだ》を張《は》ることをいとわないラグビー界屈指《かいくっし》のファイターと言《い》えるでしょう。

背番号《せばんごう》

12 または 13

座右《ざゆう》の銘《めい》

「俺《おれ》がいかなきゃ、誰《だれ》がいく」

筋《きん》トレ大好《だいす》き。
マッチョである自分《じぶん》に
酔《よ》いやすい。

熱《あつ》いハートの持《も》ち主《ぬし》。
キャプテンを任《まか》されやすい。

背番号《せばんごう》13

背番号《せばんごう》12

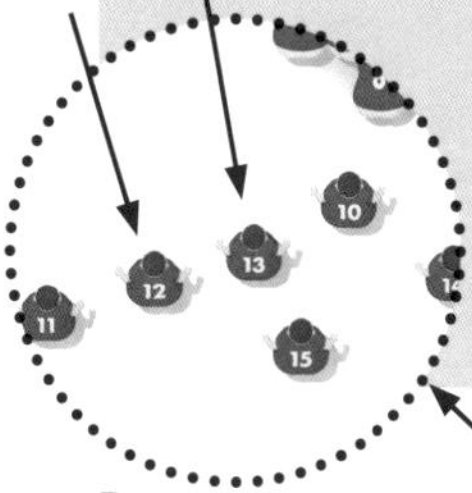

スタンドオフ（背番号《せばんごう》10）からのパスを待《ま》つふたり。

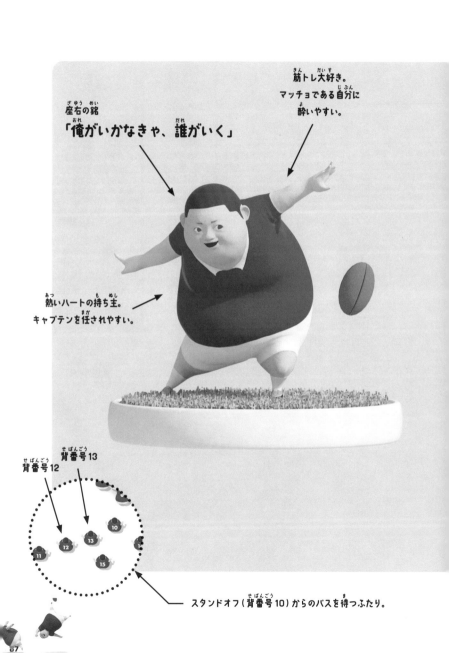

フルバック

最後《さいご》のとりで

バックス

背番号《せばんごう》

15

フルバック（ＦＢ）は、一番後方《いちばんこうほう》に位置《いち》するポジションなので、最後《さいご》のとりでです。試合中《しあいちゅう》は、野球《やきゅう》の外野手《がいやしゅ》のようにポジションを細《こま》かく変《か》えていたり、サッカーのゴールキーパーのように味方《みかた》に指示《しじ》をしていたりするので、注意《ちゅうい》して見《み》ていると奥《おく》が深《ふか》いプレーヤーです。フルバックは、相手《あいて》とボールを蹴《け》りあうシーンがよくあります。考《かん》えもなく蹴《け》りあっているように見《み》えますが、実《じつ》は、頭《あたま》の中《なか》で状況《じょうきょう》を瞬時《しゅんじ》に計算《けいさん》しています。たとえば、相手《あいて》に攻《せ》めこまれている場面《ばめん》。そこではボールを失《うしな》っても、相手《あいて》の陣地《じんち》にボールを蹴《け》りだしたほうが失点《しってん》しないと判断《はんだん》しているのです。試合後《しあいご》には身体《からだ》も頭《あたま》もクタクタで、しゃべりかけても答《こた》える余裕《よゆう》がないこともしばしば。フルバックにクールな選手《せんしゅ》が多《おお》いのは、試合《しあい》での頭脳戦《ずのうせん》の疲《つか》れのせいかもしれません。

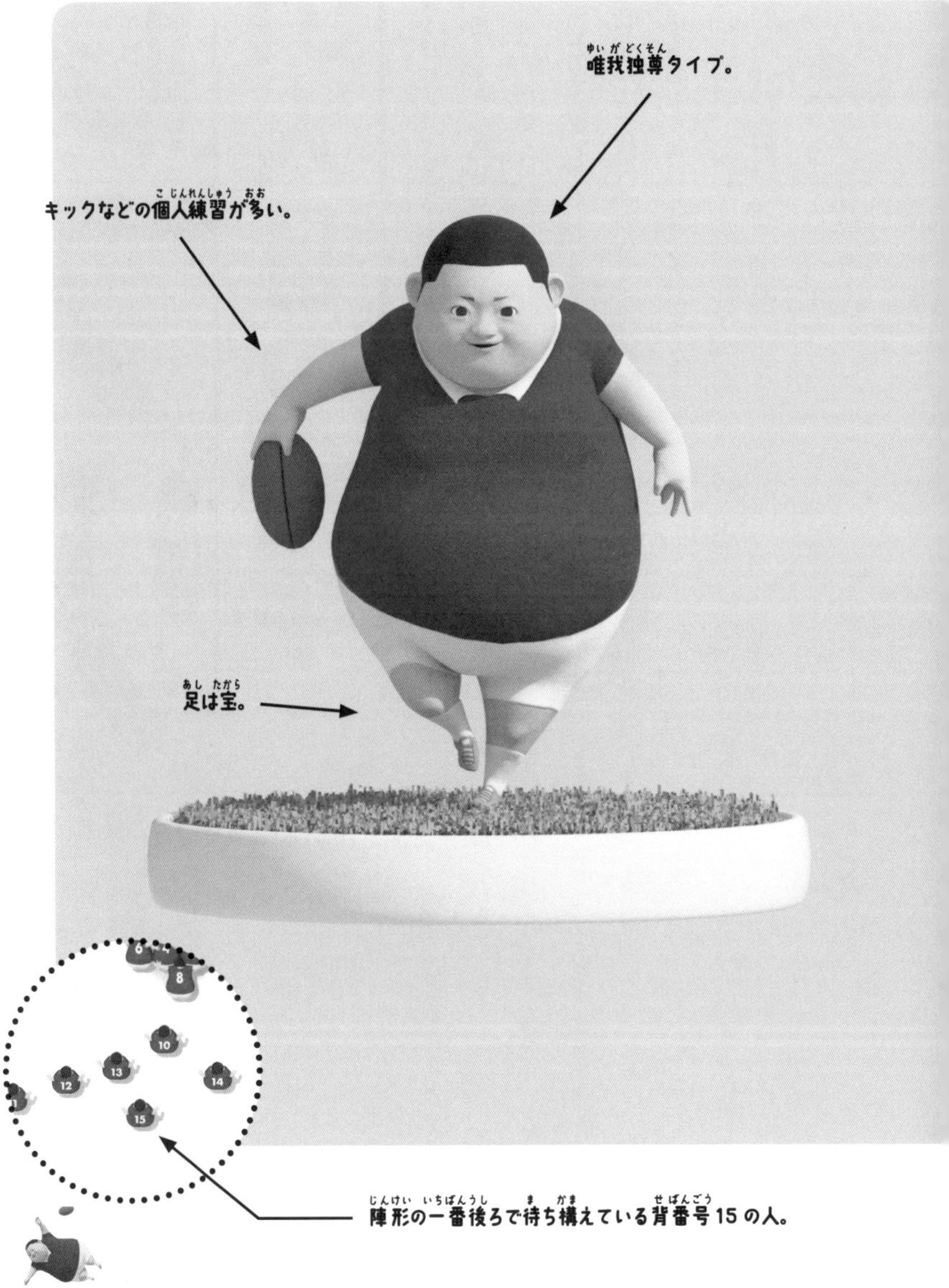

唯我独尊《ゆいがどくそん》タイプ。
キックなどの個人練習《こじんれんしゅう》が多《おお》い。
足《あし》は宝《たから》。
6
8
10
13
12
14
15
陣形《じんけい》の一番後《いちばんうし》ろで待《ま》ち構《かま》えている背番号《せばんごう》15の人。

レフリー

31人目《にんめ》の選手《せんしゅ》

レフリーは31人目《にんめ》のプレーヤーと言《い》える存在《そんざい》です。ラグビーのレフリーに求《もと》められるのは、反則《はんそく》による中断《ちゅうだん》を少《すく》なくして試《し》合《あい》を面白《おもしろ》くすること。だからレフリーは、いかに笛《ふえ》を吹《ふ》く回数《かいすう》を減《へ》らすかをいつも心《こころ》がけています。

そのためにレフリーは試合中《しあいちゅう》、選手達《せんしゅたち》とよくコミュニケーションをとっています。反則《はんそく》が起《お》こりそうな時《とき》は、「下《さ》がって」「ボール放《はな》して」など声《こえ》をかけます。反則《はんそく》が多《おお》くなってきた時《とき》にはキャプテンを呼《よ》び、プレーヤーの考《かんが》えを把握《はあく》して、反則《はんそく》が起《お》こらないように注意《ちゅうい》もします。「よい人間関係《にんげんかんけい》を築《きず》くことで試合《しあい》を面白《おもしろ》くする」その姿《すがた》は、ゲームマスターでもあり、現場《げんば》の仕事《しごと》を導《みちび》く社長《しゃちょう》の姿《すがた》にも見《み》えてきます。

ちなみに、ラグビーのレフリーにはマイクが付《つ》いています。テレビ中継《ちゅうけい》の試合《しあい》ではどんな会話《かいわ》をしているのか聞《き》くことができるので、聞《き》き耳《みみ》を立《た》ててみましょう。

海外《かいがい》のプロレフリーは、
元弁護士《もとべんごし》という人《ひと》が多《おお》い。

9割《わり》は、元《もと》プレイヤー。

目立《めだ》たない。というのが、
一番《いちばん》の褒《ほ》め言葉《ことば》です。

レフリーのことをもっと
好《す》きになりたいあなたに

レフリーポーズ集《しゅう》

アドバンテージ

反則《はんそく》された側《がわ》に腕《うで》を水平《すいへい》に伸《の》ばし、
5秒《びょう》ほど指示《しじ》する。

トライ

ゴールラインと平行《へいこう》に立《た》ち、
点《てん》を取《と》ったほうの陣地《じんち》を向《む》き、
片手《かたて》を垂直《すいちょく》に上《あ》げる。

ノックオン

頭《あたま》の上《うえ》で手《て》のひらを広《ひろ》げ、
腕《うで》を左右《さゆう》に振《ふ》る。

スクラム

頭《あたま》の上《うえ》で両手《りょうて》の指先《ゆびさき》をつける。
その後《あと》片方《かたほう》の腕《うで》を水平《すいへい》に上《あ》げ、
投《な》げ入《い》れるチームを指示《しじ》する。

スローフォワード

前方《ぜんぽう》へパスするようなジェスチャー。

ペナルティキック

肩《かた》の線《せん》をタッチラインと平行《へいこう》にし、
片方《かたほう》の腕《うで》を斜《なな》めに上《あ》げて
反則《はんそく》されたほうを示《しめ》す。

オーバーザトップ

腕《うで》を曲《ま》げ、手《て》のひらを下《した》にして、
反則《はんそく》したプレーヤーが倒《たお》れた方向《ほうこう》に動《うご》かす。

ノットリリースザボール

両手《りょうて》を胸《むね》の前《まえ》に近《ちか》づけて
ボールを抱《かか》えるジェスチャー。

ビデオ判定《はんてい》

腕《うで》を前《まえ》に出《だ》し、
テレビ画面《がめん》を表《あらわ》す四角形《しかくけい》を描《えが》く。

オフサイド

肩《かた》の線《せん》をタッチラインと平行《へいこう》にして、
腕《うで》をまっすぐ下《した》におろし、
オフサイドラインに沿《そ》って前後《ぜんご》に振《ふ》る。

ノットストレート

頭《あたま》の上《うえ》に一方《いっぽう》の腕《うで》を上《あ》げて前後《ぜんご》に振《ふ》り、
曲《ま》がって入《はい》ったジェスチャー。

コラプシング

手《て》を握《にぎ》り、ひじを曲《ま》げ、
相手《あいて》を引《ひ》き倒《たお》すようなジェスチャー。

ラグビーふむふむノート③

監督《かんとく》はスタジアムの上《うえ》から見《み》ている。

ラグビーの監督《かんとく》は、グラウンドにはいません。試合中《しあいちゅう》は、スタジアムの上《うえ》から見《み》ています。サッカーや野球《やきゅう》のように、プレーヤーのそばで指示《しじ》をする、なんて姿《すがた》は見《み》ることができません。

これは、「グラウンドでは選手主導《せんしゅしゅどう》」というラグビー文化《ぶんか》によるものです。ラグビーの発祥地《はっしょうち》イングランドでは、「ラグビーは人《ひと》としての成長《せいちょう》のためにするもの」ということで発展《はってん》してきたためで、自分《じぶん》やチームで考《かんが》え行動《こうどう》することを求《もと》められてきたからです。

そのため、ラグビーの監督《かんとく》が試合中《しあいちゅう》に指示《しじ》する模様《もよう》は、伝言《でんごん》ゲームのようになります。スタジアムの上《うえ》から無線《むせん》で、グラウンドにいるコーチ、ある時《とき》は、味方《みかた》に水《みず》を持《も》って運《はこ》ぶプレーヤーを通《とお》して指示《しじ》をします。

でも結局最後《けっきょくさいご》に決《き》めるのは、プレーヤー。たとえ、監督《かんとく》が「ここはキックでゴールをねらえ」と指示《しじ》しても、無視《むし》を決《き》めこみトライをねらうこともよくあるそうです。その結果《けっか》も監督《かんとく》ではなく、プレーヤーが負《お》う「グラウンドでは選手《せんしゅ》がすべて」が、ラグビーというスポーツなのです。

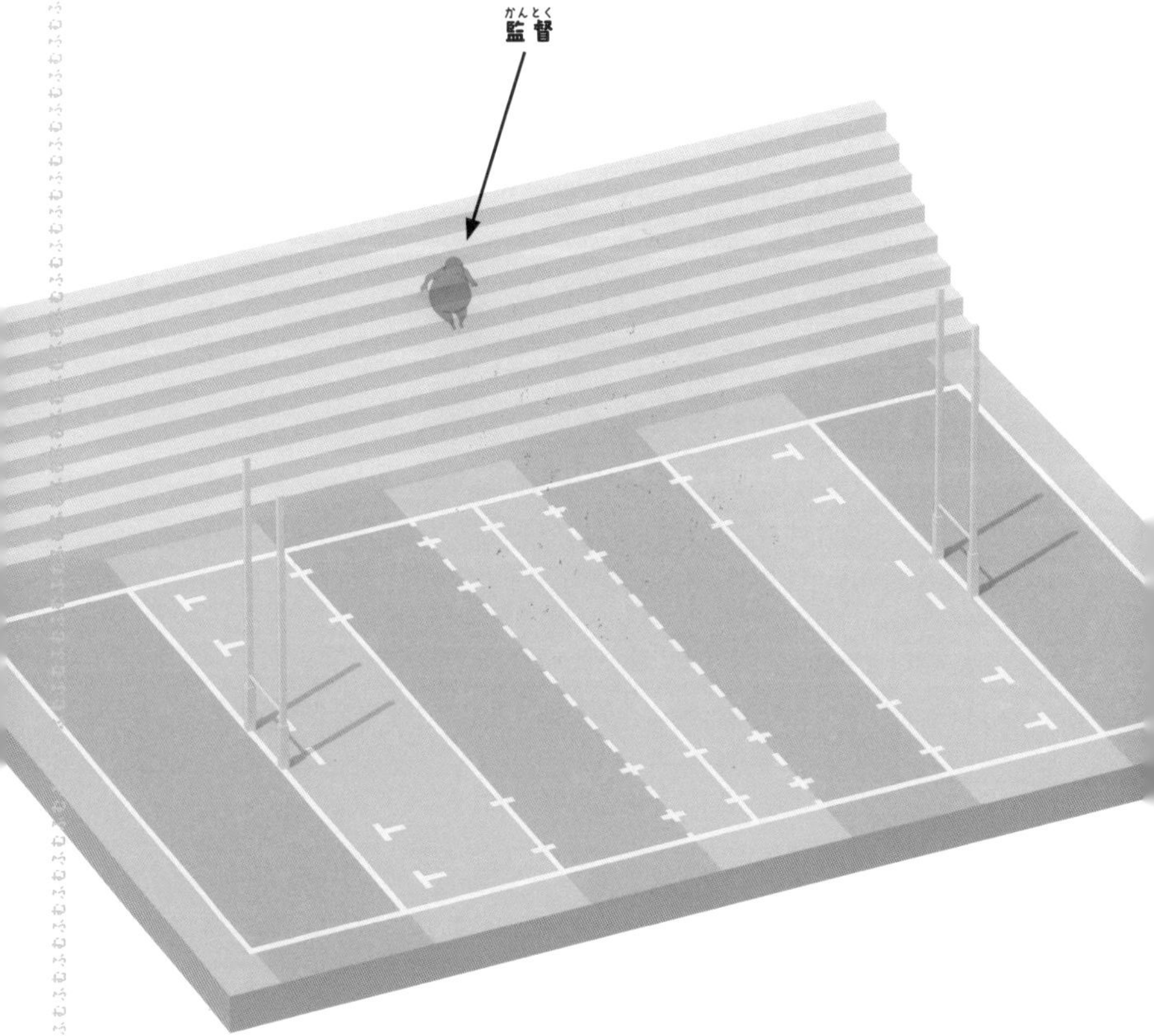

監督
かんとく

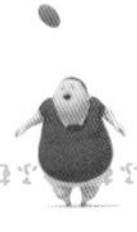

ラグビーの道具《どうぐ》

ヘッドキャップ

倒《たお》れた時《とき》の頭部《とうぶ》の保護《ほご》として、高校生以下《こうこうせいいか》のプレーヤーには
着用《ちゃくよう》が義務《ぎむ》づけられています。
また、スクラムやタックルの時《とき》に耳《みみ》がすれたりして
ぎょうざ耳《みみ》になるのを防《ふせ》ぐために、
プロのプレーヤーもつけていることがあります。

第《だい》4章《しょう》

そぼくな疑《ぎ》問《もん》

そぼくな疑問《ぎもん》

Q1.

痛《いた》くないですか?

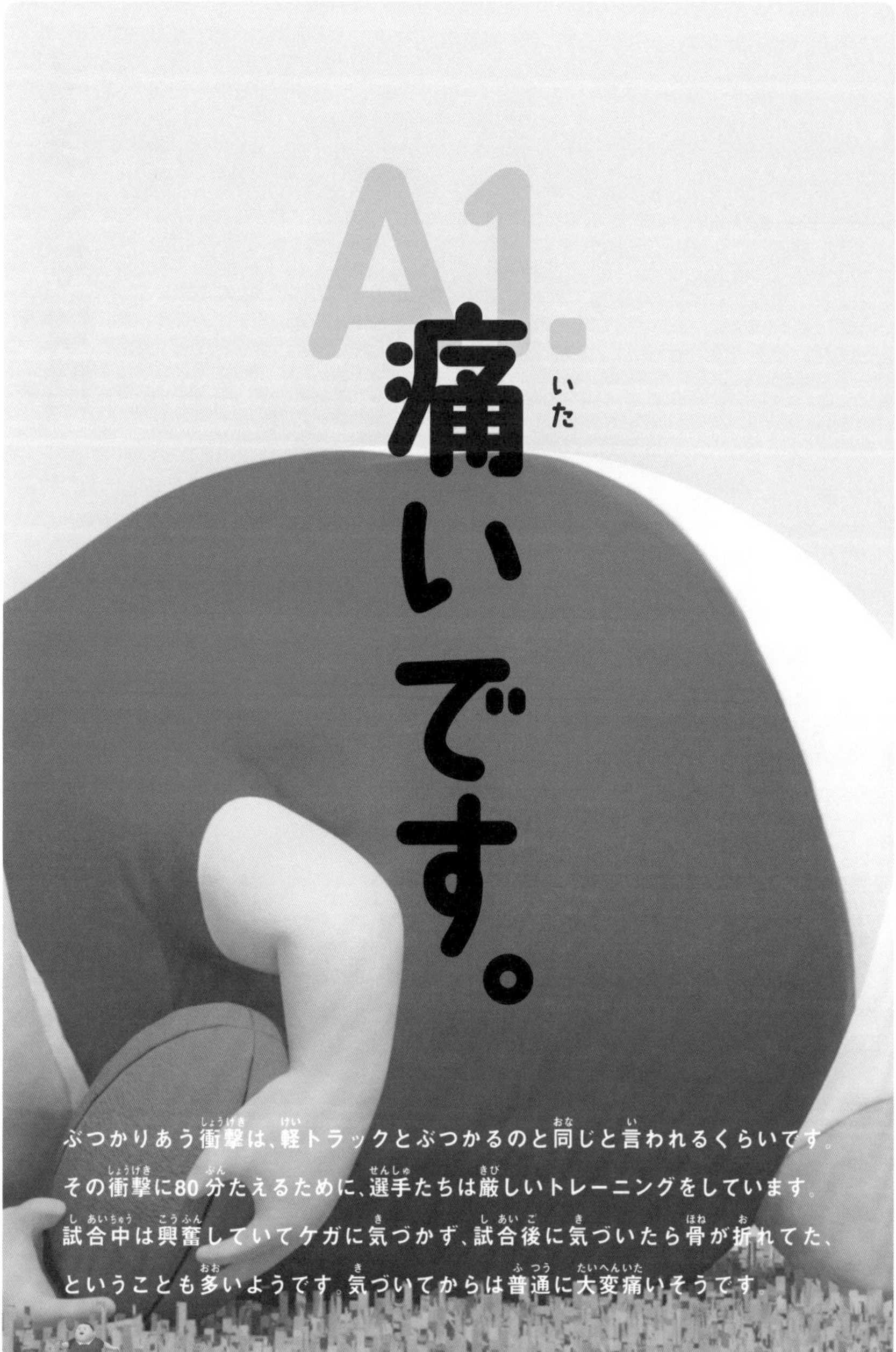

A1. 痛《いた》いです。

ぶつかりあう衝撃《しょうげき》は、軽《けい》トラックとぶつかるのと同《おな》じと言《い》われるくらいです。その衝撃《しょうげき》に80分《ぷん》たえるために、選手《せんしゅ》たちは厳《きび》しいトレーニングをしています。試合中《しあいちゅう》は興奮《こうふん》していてケガに気《き》づかず、試合後《しあいご》に気《き》づいたら骨《ほね》が折《お》れてた、ということも多《おお》いようです。気《き》づいてからは普通《ふつう》に大変痛《たいへんいた》いそうです。

そぼくな疑問《ぎもん》

Q2. 選手《せんしゅ》はルールを全部《ぜんぶ》わかっていますか？

A2. も、もちろん！

ラグビーのルールは、毎年変《まいとしか》わります。大《おお》きなところは変《か》わりませんが、細《こま》かいところはいろいろ変《か》わります。試合《しあい》を安全《あんぜん》で面白《おもしろ》くするためにルール変更《へんこう》しているのでよいことですが、プレーヤーにとっては大変《たいへん》です。ですので、プレーしている選手《せんしゅ》は、小《ち》さな変化《へんか》は気《き》にしないようにしているようですね。

そぼくな疑問《ぎもん》

Q3. アメフトと何《なに》が違《ちが》うんですか？

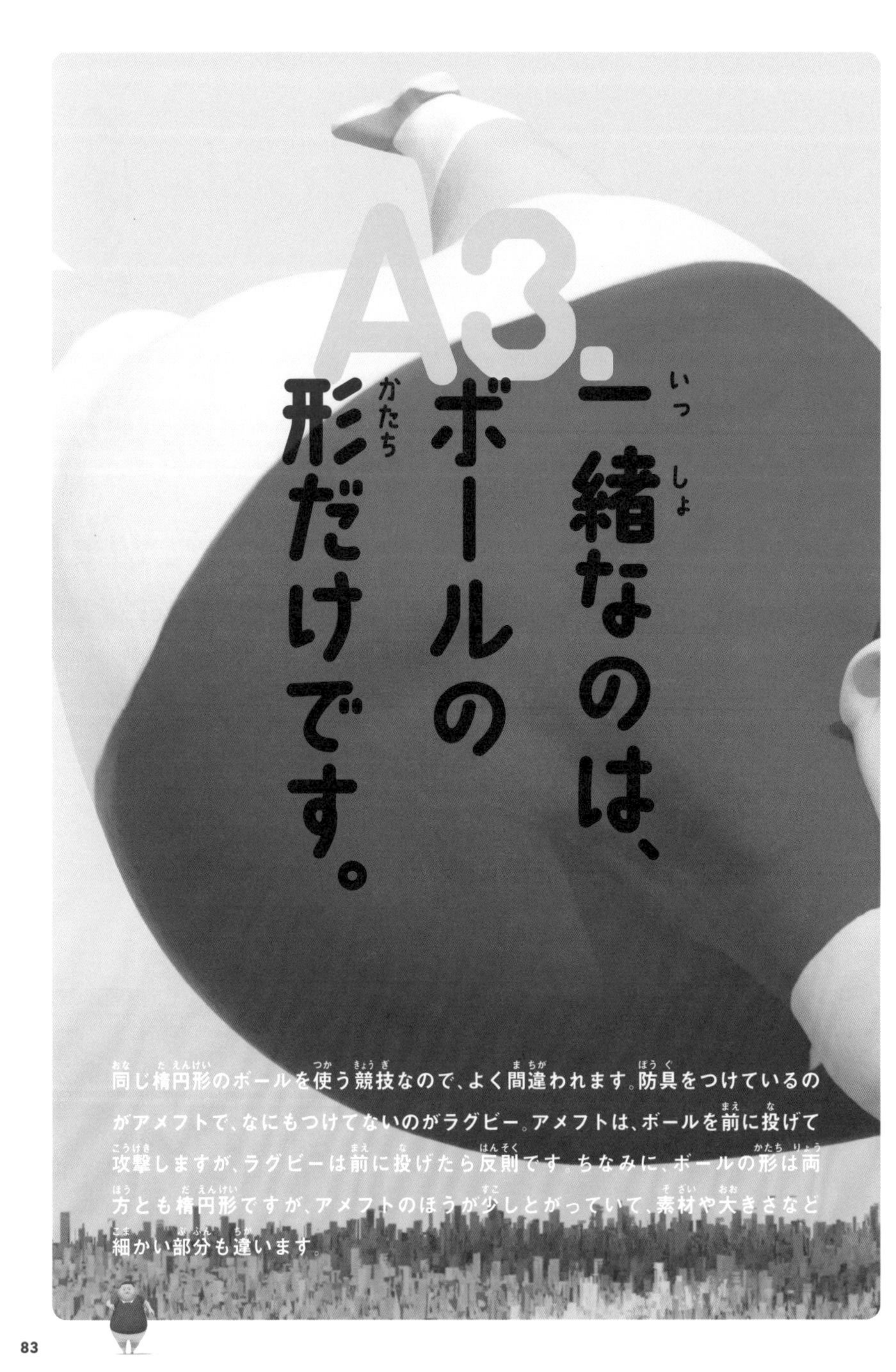

A3. 一《いっ》緒《しょ》なのは、ボールの形《かたち》だけです。

同《おな》じ楕円形《だえんけい》のボールを使《つか》う競技《きょうぎ》なので、よく間違《まちが》われます。防具《ぼうぐ》をつけているのがアメフトで、なにもつけてないのがラグビー。アメフトは、ボールを前《まえ》に投《な》げて攻撃《こうげき》しますが、ラグビーは前《まえ》に投《な》げたら反則《はんそく》です。ちなみに、ボールの形《かたち》は両《りょう》方《ほう》とも楕円形《だえんけい》ですが、アメフトのほうが少《すこ》しとがっていて、素材《そざい》や大《おお》きさなど細《こま》かい部分《ぶぶん》も違《ちが》います。

そぼくな疑問《ぎもん》

Q4. オールブラックスは、どこの国《くに》ですか？

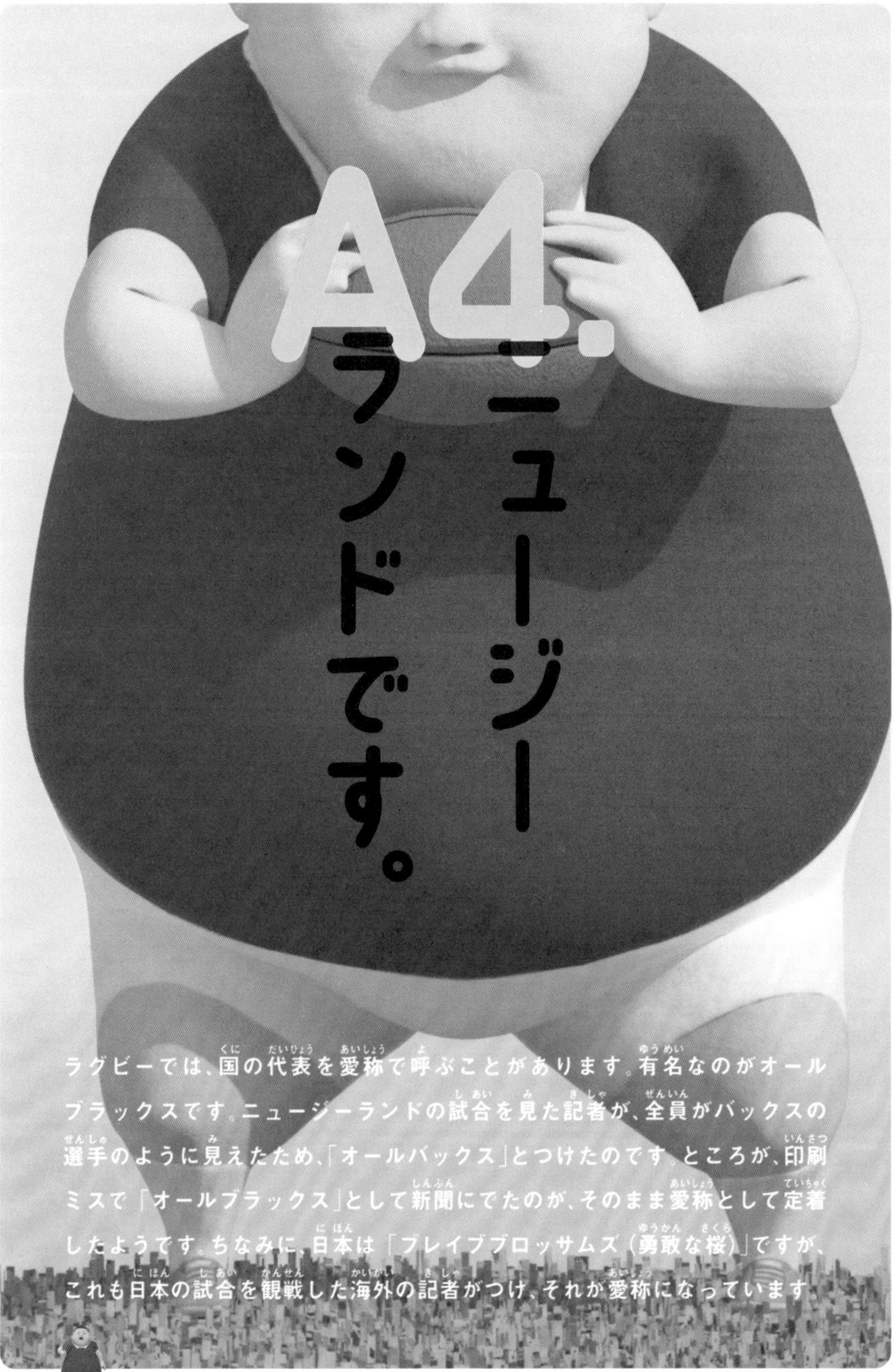

A4. ニュージーランドです。

ラグビーでは、国《くに》の代表《だいひょう》を愛称《あいしょう》で呼《よ》ぶことがあります。有名《ゆうめい》なのがオールブラックスです。ニュージーランドの試合《しあい》を見《み》た記者《きしゃ》が、全員《ぜんいん》がバックスの選手《せんしゅ》のように見《み》えたため、「オールバックス」とつけたのです。ところが、印刷《いんさつ》ミスで「オールブラックス」として新聞《しんぶん》にでたのが、そのまま愛称《あいしょう》として定着《ていちゃく》したようです。ちなみに、日本《にほん》は「ブレイブブロッサムズ（勇敢《ゆうかん》な桜《さくら》）」ですが、これも日本《にほん》の試合《しあい》を観戦《かんせん》した海外《かいがい》の記者《きしゃ》がつけ、それが愛称《あいしょう》になっています。

そぼくな疑問《ぎもん》

Q5. ごはんをすごく食《た》べそうですが……

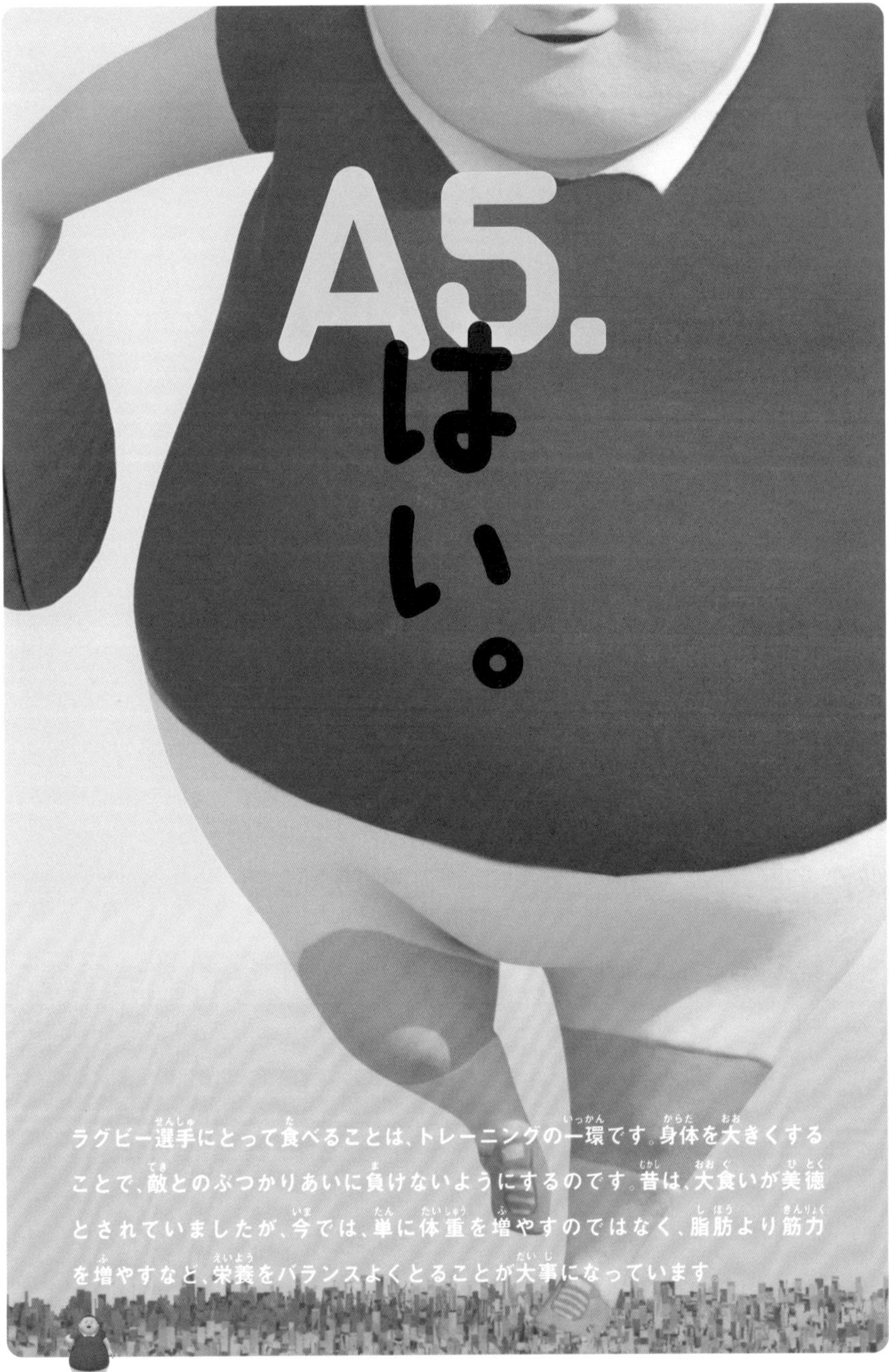

A5. はい。

ラグビー選手《せんしゅ》にとって食《た》べることは、トレーニングの一環《いっかん》です。身体《からだ》を大《おお》きくすることで、敵《てき》とのぶつかりあいに負《ま》けないようにするのです。昔《むかし》は、大食《おおぐ》いが美徳《びとく》とされていましたが、今《いま》では、単《たん》に体重《たいじゅう》を増《ふ》やすのではなく、脂肪《しぼう》より筋力《きんりょく》を増《ふ》やすなど、栄養《えいよう》をバランスよくとることが大事《だいじ》になっています

Q6. ラクビーですか? ラグビーですか?

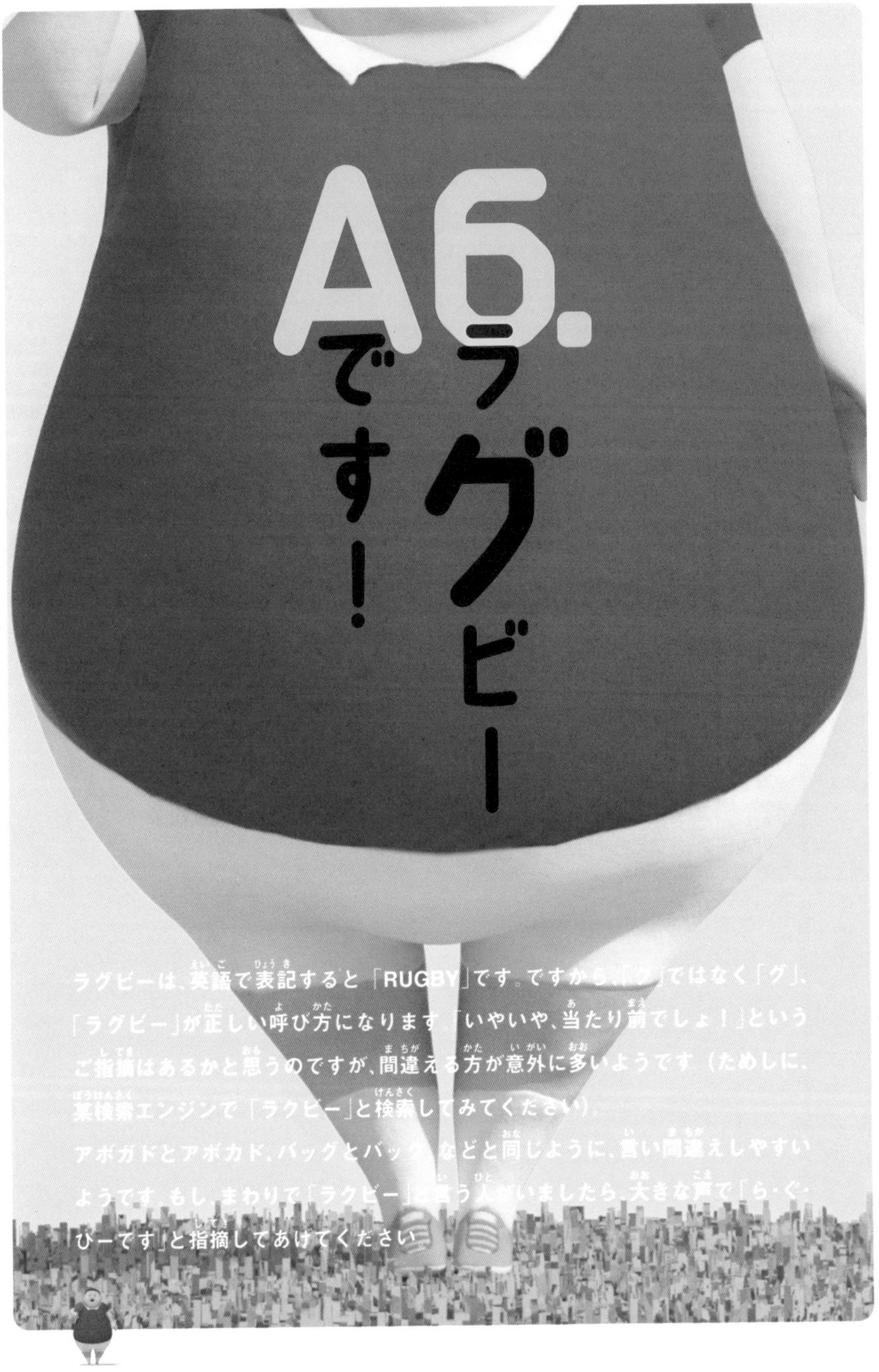

A6. ラグビーです！

ラグビーは、英語《えいご》で表記《ひょうき》すると「RUGBY」です。ですから、「ク」ではなく「グ」、「ラグビー」が正《ただ》しい呼《よ》び方《かた》になります。「いやいや、当《あ》たり前《まえ》でしょ！」というご指摘《してき》はあるかと思《おも》うのですが、間違《まちが》える方《かた》が意外《いがい》に多《おお》いようです（ためしに、某検索《ぼうけんさく》エンジンで「ラクビー」と検索《けんさく》してみてください）。

アボガドとアボカド、バッグとバックなどと同《おな》じように、言《い》い間違《まちが》えしやすいようです。もし、まわりで「ラクビー」と言《い》う人《ひと》がいましたら、大《おお》きな声《こえ》で「ら・ぐ・びーです」と指摘《してき》してあげてください。

ラグビーの道具《どうぐ》

スクラムマシン

写真＝Getty Images

スクラムを押《お》す練習《れんしゅう》のための器具《きぐ》です。
複数人用《ふくすうひとよう》のマシンだと重《おも》いもので
200キロを超《こ》えるものもあります。
練習時《れんしゅうじ》には、さらにマシンに他《ほか》の選手《せんしゅ》やコーチが乗《の》って、
簡単《かんたん》には押《お》せないようにしつつ、
プレーヤーに声《こえ》をかけ、鼓舞《こぶ》します。

第《だい》5章《しょう》

新《あたら》しいラグビー

最近人気《さいきんにんき》が出《で》てきている新《あたら》しいラグビーをご紹介《しょうかい》します。

新《あたら》しいラグビー①

7人《にん》制《せい》ラグビー

セブンズ

セブンズは15人《にん》制《せい》ラグビーと同《おな》じ広《ひろ》さのグランドで、7人《にん》ずつでおこなうラグビーです。

試《し》合《あい》時《じ》間《かん》

試合時間《しあいじかん》は、前後半《ぜんこうはん》7分《ふん》ずつです。1日《にち》に2、3試合《しあい》おこなうことが多《おお》いです。

ポジション

FWが3人《にん》。BKが4人《にん》です。スクラムは3人《にん》でおこない、ラインアウトは2人《ふたり》か3人《にん》でおこなうことが多《おお》いです。

キック

時間短縮《じかんたんしゅく》のため、トライ後《ご》のキックや、反則後《はんそくご》のペナルティキックは、手《て》に持《も》ったボールを地面《じめん》に落《お》としながら蹴《け》る、ドロップキックでおこないます。

セブンズの見《み》どころ

得《とく》点《てん》がすぐに入《はい》る

人数《にんずう》が少《すく》ないので、一人二人《ひとりふたり》相手《あいて》を抜《ぬ》いてしまえば、独走《どくそう》トライになることも多《おお》く、点《てん》はすぐに入《はい》ります。

華麗《かれい》な個人技《こじんぎ》

相手《あいて》を抜《ぬ》く華麗《かれい》なステップ。ボールを持《も》った選手《せんしゅ》を止《と》める捨身《すてみ》のタックルなど、1対《たい》1の勝負《しょうぶ》を数多《かずおお》く見《み》ることができます。

みんな脚《あし》が速《はや》い

15人制《にんせい》のラグビーに比《くら》べ、選手《せんしゅ》の身体能力《しんたいのうりょく》に頼《たよ》る部分《ぶぶん》が多《おお》く、足《あし》が速《はや》く、俊敏《しゅんびん》な選手《せんしゅ》が向《む》いています。

スタジアムの盛《も》り上《あ》がり

セブンズの大会《たいかい》は観戦《かんせん》スタイルも独特《どくとく》です。コスプレをして、ビールを飲《の》んで、お祭《まつ》りさわぎです。

新《あたら》しいラグビー②

小《ちい》さい子《こ》どもや初心者向けのラグビー

タグラグビー

タグラグビーは、タックルなしのラグビー。タックルの代《か》わりに、左右《さゆう》の腰《こし》にぶら下《さ》げた『タグ』と呼《よ》ばれるひもを守《まも》る側《がわ》が取《と》ることで相手《あいて》を止《と》めます。身体《からだ》がぶつかりあうことが少《すく》ないので、ラグビーに比《くら》べると危険《きけん》が少《すく》なく、幅広《はばひろ》い人《ひと》が楽《たの》しめるスポーツです。

守《まも》る時《とき》はタグを取《と》る。

ボールを持《も》った選手《せんしゅ》のタグを取《と》ることで相手《あいて》を止《と》められます。

得《とく》点《てん》方《ほう》法《ほう》はひとつだけ。

ゴールの中《なか》のどこでもいいからボールを置《お》けば1点《てん》。

人《にん》数《ずう》や時《じ》間《かん》は結《けっ》構《こう》自《じ》由《ゆう》。

人数《にんずう》は4～5人《にん》、試合時間《しあいじかん》は前後半《ぜんこうはん》5分《ふん》ずつが一般的《いっぱんてき》ですが、参加者《さんかしゃ》に応《おう》じて臨機応変《りんきおうへん》に始《はじ》めてみましょう。

写真＝松本かおり

ラグビー観《かん》戦《せん》の『あいうえお』

あ

相手《あいて》チームでもよいプレーはたたえましょう。

い

いいところですので、キックの時《とき》はお静《しず》かにお願《ねが》いします。

う

うるさいヤジはやめましょう。
ヤジは心《こころ》の中《なか》でさけびましょう。

え

エキサイトしてまわりに
迷惑《めいわく》をかけないようにしましょう。

お

おつかれさまでした！
試合後《しあいご》は、ゴミは持《も》ち帰《かえ》りましょう。
みんなで仲《なか》よくカンパイしましょう。

ノーサイド

ラグビーで一《いち》番《ばん》大《だい》事《じ》なこと。

ラグビーでは試合終了《しあいしゅうりょう》のことを「ノーサイド」と呼《よ》びます。
試合《しあい》が終《お》われば、敵《てき》であっても味方《みかた》であっても健闘《けんとう》をたたえあいます。
敵味方関係《てきみかたかんけい》なく抱《だ》きあい、かたい握手《あくしゅ》を交《か》わします。
ラグビーでもっとも重要《じゅうよう》な精神《せいしん》です。

それでは復習《ふくしゅう》です。

ラグビーは
ざっくりわかれば
だいじょうぶ

最後《さいご》まで読《よ》んでいただきありがとうございました。
キシボーイとともに、スタジアムでお待《ま》ちしています。

ラグビーのルール 超・初級篇 動画版はこちらに→

これさえ読《よ》めばだいたいわかる
ラグビーのルール 超《ちょう》・初級編《しょきゅうへん》 増補《ぞうほ》改訂版《かいていばん》

2023年2月28日　第1版第1刷発行

著：中野良一・木谷友亮
キャラクターデザイン：荒川潤一・佐藤友哉
発行人　池田哲雄
発行所　株式会社ベースボール・マガジン社
〒103-8482
東京都中央区日本橋浜町2-61-9 TIE浜町ビル
電話 03-5643-3930（販売部）
03-5643-3885（出版部）
振替口座 00180-6-46620
https://www.bbm-japan.com/

印刷・製本　大日本印刷株式会社

ISBN 978-4-583-11576-4
C0075

協力：日本ラグビーフットボール協会
ヤカン協力：アカオアルミ株式会社
ラグビー用品協力：株式会社 セプター